CENT DIX JOURS

DU RÈGNE

DE LOUIS XVIII.

Tous les exemplaires qui ne seront pas
revêtus de ma signature, seront réputés
contrefaits.

A. Eymery

DE L'IMPRIMERIE DE J.-B. IMBERT.

CENT DIX JOURS

DU RÈGNE

DE LOUIS XVIII,

OU

TABLEAU HISTORIQUE

DES ÉVÉNEMENS POLITIQUES ET MILITAIRES

DEPUIS LE 20 MARS JUSQU'AU 8 JUILLET 1815, JOUR
DE LA RENTRÉE DU ROI DANS SA CAPITALE;

Ouvrage composé d'après les renseignemens les plus
authentiques.

PAR R. J. DURDENT.

L'expérience seule pouvait avertir. Elle ne
sera pas perdue. JE VEUX TOUT CE QUI SAUVERA
LA FRANCE.

(Proclamation du Roi aux Français.)

PARIS,

ALEXIS EYMERY, libraire, rue Mazarine, n.º 30.
1815.

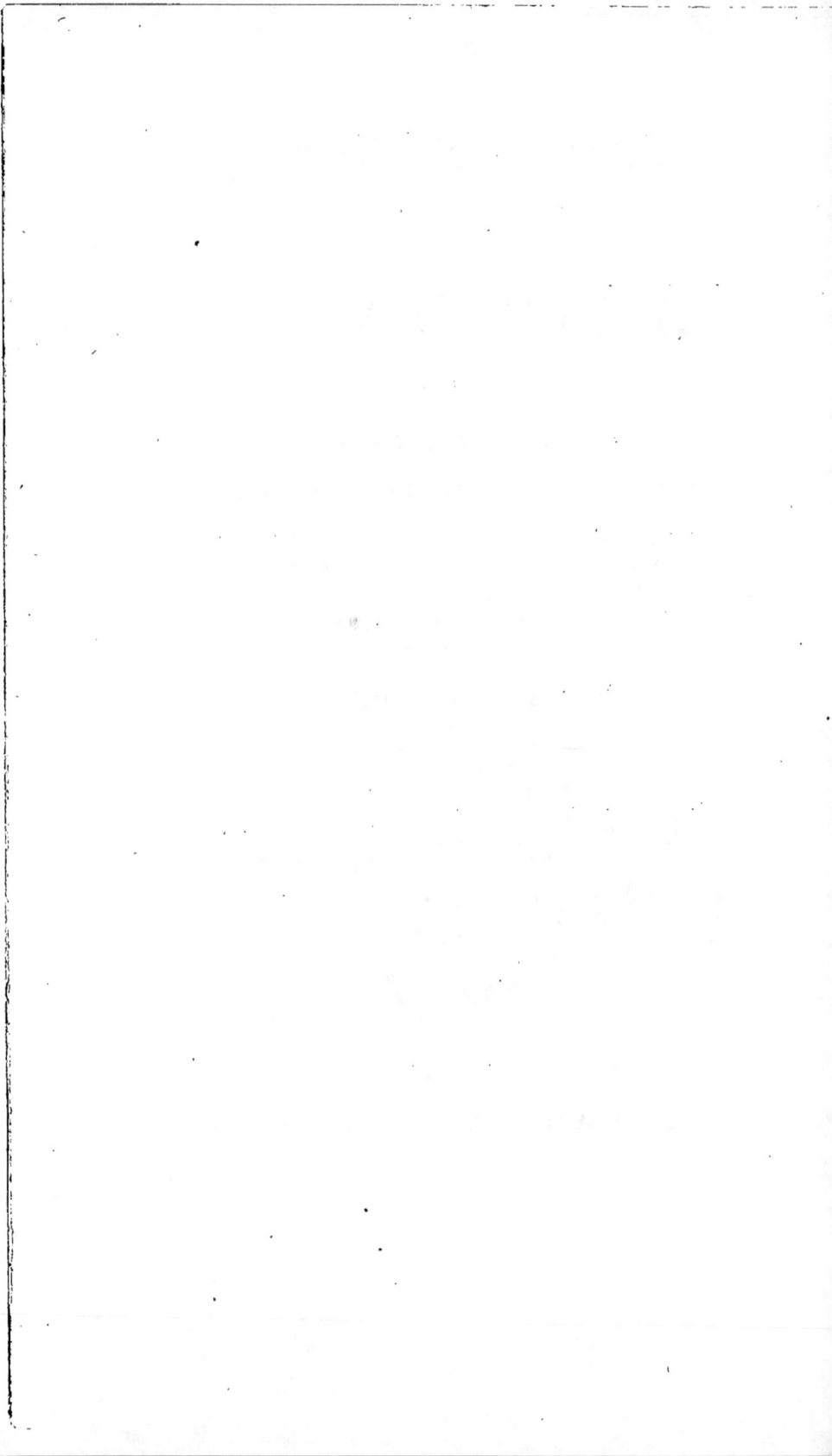

CENT DIX JOURS

DU RÈGNE

DE LOUIS XVIII.

On n'écrit pas l'histoire contemporaine; quelque nouveau Tacite, s'il s'en trouve parmi nos neveux, pourra seul tracer d'une main ferme le tableau des événemens extraordinaires dont nous sommes les témoins depuis vingt-cinq années. Dans cette longue époque de gloire et d'abaissement, de vertus et de crimes, d'actes de grandeur d'âme et de fureurs inouïes, les trois derniers mois qui viennent de s'écouler tiendront, sans nul doute, une place éminemment remarquable. Il m'a paru qu'il ne serait pas déplacé de les soumettre à un examen impartial. Trop souvent les feuilles publiques ne sont que les échos du parti qui triomphe (1) : il est bon de rétablir les

---

(1) En disant ainsi ce que tout le monde a dit et pensé avant moi, je suis loin de vouloir diriger contre les journalistes une attaque inconvenante dans ma bouche. Je veux au contraire saisir l'occasion de rendre hommage à la vérité, et de faire sentir, sans le moindre intérêt personnel, qu'ils ne sont pas aussi coupables de versatilité que des personnes peu au fait de l'état des choses pourraient le penser. Quelle différence du langage qu'ils tenaient avant le 20 mars, avec celui qui dès lors leur devint habituel ! Voilà ce que l'on a dit mille fois ; mais la réponse est simple. Les journalistes les plus accrédités étaient, à peu d'exceptions près, zélés pour la cause des Bourbons. A la première nouvelle du retour de Buonaparte, ils sentirent dans quel abîme de maux la France allait être replongée ; ils employèrent tous leurs efforts, toute leur influence pour s'opposer aux progrès du mal. Mais que sont les raisonnemens ; qu'est la raison elle-même contre la force ? Il fallut céder : dès lors des censeurs, surveillans très-actifs, donnèrent une autre direction aux pensées. Des articles d'hommes inconnus aux écrivains périodiques furent insérés *par ordre*. Les collaborateurs durent, comme le disait l'un d'eux qui m'est parfaitement connu, se taire, souffrir et attendre ; ou du moins ils n'écrivirent que sur des matières étrangères à la politique. Mais les journaux, ainsi re-

faits ; et lorsque j'entreprends cette tâche, je suis bien assuré de ne dire que ce dont je suis convaincu. J'écris comme moi et beaucoup d'autres eussions écrit dans quelque journal, si la liberté de la presse, accordée par Buonaparte, n'eût pas été un vain mot, et l'une de ses plus amères mystifications.

Je ne m'étendrai point sur sa marche de Cannes à Paris ; l'opinion est déjà fixée à l'égard de cette époque trop fameuse. Il n'est pas vrai que « la population » entière le reçut avec des transports de » joie; » ce paisible triomphe avait été celui de Louis XVIII, et devait se renouveler encore ; mais il est trop constant qu'égarés par des souvenirs de gloire, *travaillés* depuis long-temps par d'adroits et perfides émissaires, les soldats français oublièrent leurs sermens. Ils ne son-

---

nouvelés par le fait, conservèrent leurs anciens titres ; et l'irréflexion ou la mauvaise foi n'eurent pas de peine à porter contre eux des accusations spécieuses.

gèrent point à leurs camarades, innombrables victimes d'une ambition délirante; et, par un prodige qui confond toute réflexion, celui qui avait quatre fois déserté son armée, celui qui allait l'abandonner encore, fut accueilli comme un libérateur par des hommes auxquels il n'était pas possible d'opposer de résistance. Les partisans que Buonaparte avait dans les administrations et parmi les citoyens, se joignirent aux soldats, et les sentimens de l'immense majorité furent comprimés. La terreur régna de nouveau sur toute la surface de la France. Ce fut une révolution à l'orientale; les paisibles Chinois obéirent une fois encore à un petit nombre de Tartares, et, pour éviter de plus grands malheurs, durent paraître penser comme eux.

Je ne veux pour preuve de ce que j'avance que l'entrée de Buonaparte dans Paris. Que ses partisans eux-mêmes, s'il en conserve encore aujourd'hui, disent si la stupeur universelle ne prédomina pas

sur des acclamations, à la vérité très-
énergiques, mais poussées par un petit
nombre de voix. Ce sont d'abord différens
corps de troupes qui s'avancent au milieu
des groupes de citoyens inquiets. On ne
fuit point ces soldats, car ils sont Français, et la patrie leur doit sa gloire ;
mais avec quelle circonspection on les
interroge ! La place du Carrousel se rem-
plit de monde à la chute du jour ; mais
chacun examine son voisin avec des yeux
défians. Cette vaste place offre trois classes
d'hommes bien distinctes ; les guerriers
qui, au milieu de leur joie, laissent
échapper une sorte d'orgueil fort peu
agréable pour les habitans de la cité conquise (1) ; des hommes de la basse classe

---

(1) J'emploie ici l'expression même que j'ai entendu employer par un soldat de la garde impériale, le jour de l'assemblée du Champ-de-Mai.
« Monsieur, lui disait une femme, l'empereur va
» revenir aux Tuileries. Son cortége est bien plus
» beau que le 20 mars. Il ne vint alors que la nuit,
» et dans une méchante calèche. — Ah, répondit-
» il avec une extrême naïveté, c'est que ce jour-là
» il entrait dans une place conquise. »

du peuple, qui, transportés d'ivresse de ce que les saturnales révolutionnaires vont recommencer, ne manquent pas de joindre aux cris de *vive l'Empereur! vive la nation!* ceux de *à bas la calotte!* etc.; enfin, et c'est peut-être le plus grand nombre, ceux qui, loin de se tenir renfermés dans leurs maisons, sont là pour voir, pour calculer en frémissant jusqu'où il est probable que le mal s'étendra; hommes vraiment courageux, et que leur silence même, leur air abattu, exposaient à plus d'un danger.

Il est encore une espèce de spectateurs ou d'acteurs dans cette étonnante scène, que je ne peux oublier; ce sont ces agens honnêtes de la police, qui, paraissant se voir pour la première fois, ou se rencontrer par hasard, ne laissent pas d'établir de petits colloques par demandes et par réponses, où ce qu'il y a de plus auguste est indignement calomnié, et où le cynisme des expressions peut seul égaler le ridicule ou l'atrocité des idées.

Ce fut alors, et quand la nuit eut couvert la terre, que Buonaparte se glissa
dans le palais d'où il venait de chasser
le vieillard auguste qui nous avait ap-
porté, après tant d'années de douleur,
la paix universelle, succédant à une
guerre d'extermination; la sécurité pour
le présent, et l'espoir du plus heureux
avenir. Cette *entrée*, on l'avouera, dif-
férait un peu de celle qu'avait faite le Roi,
le 3 mai de l'année précédente.

Les décrets que Buonaparte rend aussitôt peuvent se réduire à ceci : Tout ce qui
a été fait depuis mon départ est annullé.
Un de ces actes d'autorité mérite cependant
d'arrêter un instant la pensée; il porte formellement « que la noblesse est abolie, et
» que les lois de l'assemblée constituante
» seront mises en vigueur. » Pourquoi ce
décret a-t-il été toujours considéré comme
non avenu? ou pourquoi ne l'a-t-on appli-
qué qu'aux anciens nobles? En vérité, le
raisonnement de Buonaparte et de sa noblesse a quelque chose qui confond ; sans

doute, la vraie noblesse est personnelle ;
mais pourquoi l'accorder aux descendans
d'un vainqueur de Marengo, et non à
ceux d'un vainqueur de Bouvines ? Et
d'ailleurs, fut-ce donc toujours par d'u-
tiles, d'honorables services, que l'on mé-
rita d'être anobli par le citoyen d'Ajac-
cio? Singulière nation que celle où l'on
eût voulu établir en principe que les anciens nobles seuls ne pouvaient prétendre
à la noblesse, où MM. tels et tels eussent
été barons, comtes, voire même ducs et
princes, mais où un Montmorency n'eût
pu posséder aucun titre sans l'agrément
de Buonaparte !

L'abolition des deux chambres n'é-
tonna personne ; elles avaient été insti-
tuéés par suite de la charte du Roi, et
un assez grand nombre de leurs membres
avaient mérité l'animadversion de Buonaparte. Mais il fallait bien les rempla-
cer ; car enfin, quoiqu'il eût avoué nettement qu'il exerçait la dictature, cet
aveu seul ne pouvait suffire, et il n'était

pas de nature à plaire à cette portion du peuple qui rêvait déjà le retour aux belles journées de 1793.

Buonaparte convoqua donc les colléges électoraux, et voulut qu'ils se réunissent à Paris, *en assemblées extraordinaires du Champ-de-Mai.* Qu'étaient ces assemblées? C'est ce qu'une personne sur mille, tout au plus, pouvait savoir; mais ces mots frappaient la multitude : ils lui promettaient un nouveau *Champ-de-Mars,* un spectacle extraordinaire, l'appareil au moins extérieur de quelques grandes fêtes, et le charlatanisme de Buonaparte se sut bon gré de les avoir fait retentir à toutes les oreilles.

Cette assemblée du Champ-de-Mai avait d'ailleurs un grand but; on y devait couronner l'impératrice et le prince impérial.

Lorsque le moment fut venu où les trames des complices de Buonaparte lui assurèrent le succès de son invasion, lui et eux sentirent bien qu'il fallait avoir re-

cours à quelques grands mensonges politiques. Après une abdication solennelle,
après la promesse faite à toutes les puissances de l'Europe victorieuse qu'on per-
mettrait désormais à l'humanité de res-
pirer, il était un peu étrange de venir tout
à coup usurper de nouveau un trône sur
lequel on ne devait plus avoir de prétentions. Quelque borné que l'on supposât
le peuple, quelque indifférent que l'on
feignît de le croire à la cause des Bourbons, l'on ne pouvait douter qu'il ne
demandât avec inquiétude comment les
alliés prendraient un acte de violence
inouï, qui, renouvelant toutes leurs
alarmes, était de plus, pour eux, une
sanglante injure. Il fallait donc le rassurer, et l'on annonça partout que Buonaparte, certain du concours de l'Autriche,
avait conclu une trève de vingt années
avec les autres puissances. Ce qui devait
ne laisser aucun doute sur l'authenticité
de cette nouvelle, c'était la prompte arrivée de l'impératrice, et de son fils. Vai-

nement les gens qui consultaient leur raison voyaient-ils dans les actes les plus
récens du congrès un démenti formel
donné à la promesse de Buonaparte. Il
eut été dangereux pour eux de la révo-
quer publiquement en doute, et ils se
bornaient à dire : L'arrivée de l'impératrice décidera de tout.

Mais les jours s'écoulaient, et elle ne
venait pas. Une chanson, devenue bientôt populaire, acquit de l'importance,
parce qu'elle exprimait des idées qui
s'accréditaient chaque jour de plus en
plus. Enfin, les maladroits agens de Buonaparte contribuèrent eux-mêmes à lui
donner un désagrément bien cruel. Le
récit de cette anecdote authentique ne
pourra paraître ici déplacé.

Quand le Roi était à Paris, il n'avait
été nécessaire de payer personne pour
venir sous ses fenêtres pousser un cri
depuis tant de siècles cher aux Français :
comme au moment où j'écris, la foule
s'y portait, et les réunions journalières

n'étaient pas moins brillantes que nombreuses. La police de Buonaparte sentit
bien qu'il devait avoir aussi ses cris de
joie, et, pour y parvenir, soudoya des
gens dont la voix retentissante pouvait
produire l'effet désiré. (1). Un beau jour,
quelques jeunes gens, que les buonapar-
tistes regardèrent comme de très-mauvais
plaisans, se donnèrent le mot pour répandre dans les Tuileries la nouvelle que
l'impératrice et son fils étaient à Saint-
Cloud. Est-il possible? l'y avez-vous vue?
Non, mais j'ai vu quelqu'un qui en ar-
rive. Ces bruits-là sont de ceux qui se ré-
pandent promptement; les crieurs ne
manquent pas de faire leur devoir avec
une telle véhémence, que Buonaparte paraît. Personne ne savait mieux que lui

---

(1) C'est ce qui bientôt ne fut un secret pour
personne. Les vociférateurs qui paraissaient peu
fortunés recevaient sur le lieu même une pièce de cinq
francs. Un jour un petit décrotteur refusa de faire
son métier, parce que, disait-il, midi allait sonner,
et que c'était l'heure de la *criée*.

combien ces cris avaient peu de fonde-
ment ; il entra dans une fureur capable
d'effrayer ceux même qui le connaissaient le mieux, et alla se confiner dans
l'Élysée-Bourbon, d'où il ne devait sortir que pour ajouter à notre histoire
quelques-unes de ses pages les plus san-
glantes et les plus douloureuses.

Cependant la soumission des départemens s'opérait. Comment n'en eût-il pas
été ainsi ? les soldats avaient trouvé dans
la plupart de leurs chefs des hommes
tout dévoués à Buonaparte. Cette loyauté
qui doit plus que toute autre classe de la
société distinguer les militaires, semblait
devenue un vain mot. Chez une nation
où tant de sermens avaient été rompus,
où tant d'*adresses* mensongères avaient
été présentées aux chefs de partis tour-à-
tour triomphans, on vit, et l'inflexible
histoire le remarquera, on vit des guerriers illustres, des généraux célèbres
dans toute l'Europe n'accepter du Roi
les plus importantes missions que pour

2

mieux le trahir ; mais il se trouva aussi des Français qui surent attacher un sens au mot *honneur*, et qui préférèrent l'exil près du prince légitime à toutes les faveurs dont Buonaparte les eut comblés.

Quel spectacle que celui du départ du Roi ! qu'il dut être affreux pour son cœur de quitter ainsi ce palais où il avait si peu régné , cette capitale où il avait reçu tant de témoignages d'affection , cette patrie dont un pénible exil l'avait séparé pendant tant d'années ! Mais quel autre parti pouvait-il prendre ? Fallait-il laisser répandre dans la lutte la plus inégale le sang de citoyens dévoués, mais étrangers pour la plupart au métier des armes ? L'usurpateur était proche ; sous peu d'heures il pouvait être maître de toute la royale famille ; et quand l'ombre de l'infortuné d'Enghien n'eut pas conseillé à un Bourbon de le fuir, fallait-il risquer le salut de la France , et assurer sans retour le triomphe du crime ? Le Roi écouta donc les conseils de servi-

teurs dévoués , et ceux de sa haute sagesse : il partit ; mais il nous laissa de
touchans adieux , et des promesses qui
ne devaient pas être vaines ; il savait
tout ce qu'il devait attendre de ses ven-
geurs , tout ce que leur propre intérêt
allait leur ordonner de déployer d'é-
nergie contre l'usurpateur. Certain de
l'issue des événemens , il craignit seulement que les innocens ne fussent confondus avec les coupables , et que la France
ne payât par bien du sang et des larmes
la défection de ceux qui devaient la défendre, au lieu d'attirer sur eux la colère
des nations indignées.

Sur 'toute sa route le Roi recueillit
les preuves les moins équivoques de
la douleur et de l'affliction publiques ;
partout les citoyens éplorés lui annon-
çaient l'espérance de le revoir bientôt ; mais partout aussi les militaires,
livrés à la contagion de l'exemple , se
prononçaient pour Buonaparte. Arrivé à
Lille, il y reçut de la part des habitans

2*

les plus vifs témoignages d'affection ; mais les troupes arborèrent la cocarde et le drapeau tricolores ; et, le 23 mars, à deux heures après midi, le Roi se mit en chemin pour Gand. Une armée entière le poursuivait ; et le général Excelmans, qui avait fait hisser sur le château des Tuileries le drapeau tricolore peu d'heures après le départ du Roi, en commandait l'avant-garde. Parmi les personnes qui accompagnaient le monarque, on distinguait le duc d'Orléans et le prince de Condé. *Monsieur* et le duc de Berry prirent leur route par Estaires, avec la maison du Roi, forte d'environ deux mille hommes, les maréchaux Marmont et Victor, le général Lauriston, et une vingtaine d'autres officiers supérieurs. Le duc de Feltre, qui dans les circonstances les plus orageuses avait accepté le ministère de la guerre, était avec le Roi. A peine notre souverain fut-il dans les Pays-Bas, qu'il fit connaître à tous ses sujets, par des proclamations et un récit officiel, le détail des évé-

nemens qui l'avaient forcé à une absence
momentanée. Il sortait de France ; mais
il ne s'en éloignait pas : il se tint près
de la frontière , et trouva dans une
contrée voisine la plus noble , la plus
touchante hospitalité. Sans doute le reste
de l'Europe , sans doute l'Angleterre la
lui eussent également offerte : il n'est
point de nation qui ne se fût honorée de
le posséder au milieu d'elle ; mais les
intérêts de la monarchie et les nôtres
demandaient qu'il ne parût pas, en s'é-
loignant trop , perdre l'espoir du retour.
Vainement les papiers de Buonaparte
annoncèrent-ils à diverses reprises , tantôt que le Roi allait s'embarquer, tantôt
même qu'il avait abdiqué. Tous ces bruits
ne prouvaient que le désir de les voir
réaliser et l'espoir de les accréditer ; mais
il faut ici rendre justice au peuple. Beaucoup plus sensé qu'en plusieurs autres
occasions , il n'y ajouta pas foi ; les esprits d'ailleurs commençaient à s'éclairer
et à voir le véritable état des choses.

Chaque jour les actes de Buonaparte
étaient en contradiction avec ses promesses ; chaque jour les événemens sou-
levaient le voile dont quelques yeux
avaient aimé à se couvrir. Son silence à
peu près absolu sur l'arrivée de l'impératrice annonçait maintenant à quoi
on devait s'en tenir. Il avait hautement
dit et fait dire que les Puissances ne s'ar-
meraient pas ; et on ne pouvait ignorer
ni leurs préparatifs ni le dédain avec
lequel elles avaient reçu ses propositions.
Le bonheur ineffable dont il nous avait
flattés se réduisait à être de nouveau pri-
vés de relations avec l'étranger , de tout
commerce maritime , à voir chaque jour
la misère atteindre la classe industrieuse,
à trembler que l'avenir ne fût encore
plus désolant que le présent. Buonaparte nous avait garanti la paix , et il
mettait toute l'armée sur le pied de
guerre ; il enlevait à la marine ses ca-
nons et ses matelots ; il changeait en soldats , par un seul décret , tous les Fran-

çais en état de porter les armes ; enfin
il fortifiait à la hâte les places de guerre,
et même les simples cités ; et même ce
Paris, encore effrayé du sang qui à peine
depuis une année avait coulé sous ses
murailles.

Bonaparte avait fastueusement procla-
mé « que son retour n'avait pas coûté une
seule goutte de sang ». C'était sa phrase fa-
vorite et celle de ses agens. Il en tirait la
conséquence que ce retour avait été généralement désiré ; comme si la stupeur
et une douleur morne eussent été de la
joie ; et comme si, à moins de fusiller
des hommes qui ne faisaient pas de résistance, ses soldats eussent pu verser du
sang. Toutefois on s'aperçut bientôt quels
étaient les vrais sentimens de ces hommes
pris au dépourvu. Le duc d'Angoulême
avait rallié assez de Français fidèles pour
tenter le sort des combats, et s'il n'eût
pas été trahi, s'il eût pu arriver dans la
seconde ville du royaume, peut-être la
chute de l'usurpateur eût-elle été con-

sommée par les seuls Français. Quel bonheur pour la patrie et pour l'humanité !
et pourquoi faut-il que l'issue fatale,
quoique glorieuse, de l'expédition du
prince soit devenue la source d'intaris-
sables regrets !

Le midi, l'ouest de la France firent
bien voir dès lors qu'ils ne balançaient
pas entre les Bourbons et Buonaparte.
Marseille conservait la couleur vraiment
française, et ses généreux efforts pour
se soustraire au joug et demeurer fidèle
à son prince légitime, forment déjà la
plus belle portion de l'histoire de cette
cité fameuse. Une princesse jusqu'a-
lors célèbre par ses vertus et ses malheurs, devient tout à coup une héroïne
quand il lui faut conserver au roi l'im-
portante place de Bordeaux, où avait
commencé naguère le grand œuvre de
la restauration. Si elle est aussi forcée
de céder à la nécessité, du moins ses
nobles efforts et les regrets qui accom-
pagnent son départ, causent assez de

dépit à l'oppresseur pour qu'il ne rou-
gisse pas d'adresser à la digne fille du
roi qui fut le bienfaiteur de son enfance,
de grossières invectives. L'indomptable
Vendée, la Bretagne non moins géné-
reuse, donnent de nouveau le signal des
combats pour la cause qu'elles ont déjà
servie, et Buonaparte est attaqué ; son
pouvoir est méconnu dans le sein même
de la France, tandis que les forces de
l'Europe entière s'apprêtent à punir son
parjure.

Buonaparte, s'étant donné parmi les
anarchistes de chauds partisans, eut plus
d'une fois à souffrir de leurs incartades.
Il fut tutoyé dans des pamphlets, et y
reçut quelques avis *fraternels*, bien
propres à faire froncer le sourcil au plus
despote des hommes qui jamais aient
opprimé le monde, en aucun siècle ou en
aucun pays. D'un autre côté, les répu-
blicains sincères, ces amis peu nombreux
d'une perfection idéale, à qui l'on ne
peut reprocher que d'errer dans leur

manière de vouloir le bien, surveillaient attentivement ses démarches. Ils ne pouvaient raisonnablement penser que la liberté naquît de ses institutions ; et en ceci tous les partis étaient à peu près d'accord. *L'Acte additionnel aux Constitutions* fit connaître avec plus de clarté que jamais ce qu'on devait attendre de lui.

Ce que Buonaparte appelait les *Constitutions* était un amas informe de décrets, émanés soit de lui, soit de son sénat, si bien nommé par antiphrase, *conservateur*. Dans l'addition qu'il y fit, un seul article était remarquable, celui qui excluait les Bourbons du trône de France, lors même que ce qu'il appelait la dynastie impériale serait éteinte. Jamais nation ne reçut une telle injure. Il fallait que la génération actuelle ordonnât à ses descendans d'avoir une opinion formellement prononcée sur l'hérédité de la couronne. Un peuple qui, pendant vingt-cinq années, avait crié partout, liberté ! indépendance ! ne per-

mettait pas même à ses arrière-petits-
enfans d'examiner l'acte par lequel ils
étaient liés long-temps avant leur naissance. Personne n'ignorait ce qui devait
advenir du nouveau code politique :
toute voie était fermée aux observa-
tions ; et si quelques gens sensés firent
imprimer leur vote négatif, ils savaient
très - bien qu'ils prêchaient dans le
désert. Les journaux, organes toujours
infaillibles de la vérité , proclamèrent
que quatorze cent et quelques mille
citoyens avaient librement, et, comme
de raison, par des acclamations spon-
tanées, adopté le nouvel acte : quatre
mille et quelques cents seulement avaient
dit non ; preuve irrécusable de la liberté
qui avait régné dans les délibérations.
Mais on avait oublié de nous dire combien de fois, dans des cités populeuses,
le même individu avait inscrit son nom
sur des registres différens ; combien de
fois il avait signé des noms qui n'étaient
pas le sien ; quels magistrats, quels

scrutateurs intègres avaient présidé au recensement des votes; quels fonction- naires publics s'étaient prononcés contre l'oppression , sans craindre de perdre leurs places ; quels hommes , faisant partie des troupes de terre ou de mer, s'étaient proposé à eux-mêmes la question si la force armée , nécessairement obéissante , avait ou non le droit de voter.

Vers ce même temps, une guerre que l'on pourrait appeler épisodique , appor- tait une certaine distraction aux idées sinistres dont nous étions tous préoccu- pés. Le roi Murat, l'ancien aide - de- camp de Buonaparte , s'annonçait comme le libérateur de l'Italie. Il prétendait réunir en un seul faisceau tous les peu- ples de ces belles contrées ; il voulait réaliser enfin , à ce que l'on disait, le beau rêve de quelques princes de l'Italie mo- derne, dans les veines desquels coulaient encore quelques goûttes du sang troyen(1).

---

(1) A leur tête tout homme impartial placera tou-

Mais quel acteur, grand Dieu, pour un tel rôle ! Murat, insulté par Buonaparte, après le désastre de Russie, avait paru embrasser le parti des princes coalisés : il avait mis ensuite sa fidélité à l'encan, et c'était cet homme, détesté dans le pays même dont il s'intitulait le souverain, qui prétendait devenir le héros *Italique*. Après la facile invasion des états du Pape, il s'avance vers le duché de Milan : il fait publier partout que les peuples se lèvent à sa voix, que le joug des étrangers va être irrévocablement brisé ; qu'arrive-t-il ? les Autrichiens, en petit nombre, lui opposent d'abord une vigoureuse résistance ; bientôt la discipline, l'habitude des combats l'emportent sur une aveugle frénésie. Le zèle des soldats de Murat se refroidit sensi-

jours Jules II, ennemi de la France, il est vrai ; plus guerrier que pontife, comme il en convenait luimême ; mais grand génie, si ce nom doit être accordé à qui, formant de vastes et utiles projets, manqua seulement de la force nécessaire pour les exécuter.

blement; il n'est plus question d'enva-
hissement, de conquêtes; on ne songe
qu'à se retirer; si l'on peut; et les plus
honteuses capitulations terminent les
destinées politiques de cet autre Napoléon.

Le Napoléon véritable n'avait pas un
seul instant démenti son caractère lors
de cette invasion, ou, pour mieux dire,
de cette *échauffourée* de Murat. Ordre fut
donné d'abord de la trouver sublime; et
l'on sait quels éloquens articles de journaux cet ordre nous valut. Quand il ne
fut plus possible de dissimuler le revers
du roi Joachim; quand on sut qu'il avait
posté derrière ses troupes, à la journée
décisive de Tolentino, des pièces d'artille-
rie chargées à mitraille, et que ce moyen
d'encouragement n'avait point empêché
les libérateurs de l'Italie de prendre la
fuite, Murat fut hautement blâmé dans
les mêmes papiers français où on l'avait
comblé d'éloges. Son attaque, disait-on,
avait été intempestive, précipitée. S'il

existe encore ; si cet homme, de qui la vie
ou la mort sont au moment où j'écris un
problème, n'a pas terminé ses jours par
un acte de courage dont ceux qui ont
observé sa carrière militaire le croient
très-digne , il doit se trouver assez vengé
des sarcasmes du fuyard de Waterloo.

Cependant la cour de Gand , objet des
attaques officielles de Buonaparte, fixait
les regards de la France et de l'Europe
entière. Les ambassadeurs de toutes les
puissances avaient quitté Paris , après le
départ du Roi , et c'était à Gand qu'ils
avaient ensuite eu ordre de se rendre.
Le Roi de France était représenté au
congrès , et son nom se trouvait réuni à
celui des autres souverains , dans tous
les actes par lesquels on faisait connaître
à Buonaparte le sort qui l'attendait. Malgré la surveillance inquisitoriale de ses
agens, ces actes étaient connus en France
aussi bien que les proclamations du Roi,
et ce prince recevait chaque jour les plus
touchans témoignages des regrets qu'ex-

citait son absence. Parmi les faits nombreux qui le prouvent, il est impossible
de ne pas rapporter le voyage que firent
trente négocians de Paris, tous membres
de la garde nationale. Le Roi avait résolu
que chaque année cette garde ferait seule
le service près de sa personne le 3 mai,
jour anniversaire de son entrée à Paris.
Au nom de leurs frères d'armes, ces
trente dignes Français se présentent tout
à coup à *Monsieur*, leur colonel général,
et lui annoncent qu'ils ont bravé tous les
obstacles pour que l'intention du Roi fût
remplie en pays étranger, autant qu'il se
pouvait. On conçoit la joie du prince ; il
conduit lui-même ces hommes dévoués à
son auguste frère, qui, non moins ému,
leur fait aussitôt livrer tous les postes du
palais : ainsi la garde nationale parisienne
fut *représentée* près de son monarque ; et
cet événement, que l'histoire ne négligera pas, fut le présage d'une réunion
devenant chaque jour plus probable.

Les peuples de la Belgique eux-mêmes,

que l'on représentait dans les papiers
de Paris comme remplis, sinon d'aver-
sion, du moins d'indifférence pour les
Bourbons, témoignaient à ces princes, et
surtout au Roi, un attachement qui
tenait de la vénération. Les confréries,
avec leurs bannières déployées, l'accompagnaient dans ces pieux exercices qu'il
regarda toujours comme le devoir du fils
et du successeur de saint Louis. Mais
laissons-le attendre de la protection du
ciel, de ses droits, de notre amour et des
forces de ses alliés, la restitution de sa
couronne. Voyons ce qui alors se passait
dans la France opprimée.

Les préparatifs militaires, les élections occupèrent tous les esprits ; et Buonaparte, accoutumé à être d'autant plus
tyran qu'il avait plus à craindre, multi-
plia les mesures vexatoires. Il envoya
dans les départemens des commissaires
qui, par leurs pouvoirs illimités et les
excès que commirent plusieurs d'entr'eux,
rappelèrent les trop fameux proconsuls

de la Convention nationale. Il faut avouer
au reste que dans les premiers temps de
son retour il n'avait pas agi ainsi. Une
proclamation promettait « qu'il voulait
» ignorer tout ce qui s'était passé depuis
» son départ de Fontainebleau », et il
avait d'abord agi d'après ces principes.
Plusieurs écrivains royalistes, fort peu
disposés à en croire ses promesses, prirent la fuite ou se cachèrent ; d'autres,
plus courageux, attendirent avec calme
s'il démentirait ou non à leur égard
des promesses si solennelles. Ni les uns
ni les autres ne furent inquiétés : à la
vérité, l'on dut attribuer en très-grande
partie au duc d'Otrante, ministre de la
police, cette modération ; mais enfin si
Buonaparte, tout puissant, avait voulu
se venger, il aurait été obéi ; d'ailleurs les délateurs, et même les faiseurs
de caricatures, ne manquaient pas de
rappeler fréquemment à sa mémoire ceux
qui avaient écrit contre lui pendant son
séjour à l'île d'Elbe, dans la persuasion,

trop justifiée depuis, qu'il était toujours redoutable, et que sa tranquillité apparente cachait de sinistres projets.

Le nombre des Français qui regrettaient le gouvernement royal, et frémissaient des maux prêts à fondre sur la patrie, alarmait fortement Buonaparte et ses agens. Ils imaginèrent un moyen assez singulier d'accroître l'énergie de leurs partisans; ce fut de former ce qu'ils appelèrent des *fédérations*. Les gens sensés comprirent qu'on n'augmentait pas ainsi les forces de l'État, et que, fédérés ou non, les gardes nationaux n'étaient ni plus nombreux ni plus aguerris. Cependant, l'exemple donné en Bretagne s'étendit dans un grand nombre de départemens, et l'on ne se fût pas alors impunément élevé contre cette manie de fédérations.

Comme il se trouvait beaucoup de gens fort péu disposés à croire que la France fût libre sous Buonaparte, il permit, ou, pour mieux dire, ordonna que

l'on insérât dans les journaux une proclamation du roi; mais il ne tarda pas à
s'en repentir. La logique vigoureuse, la
force du raisonnement de cette pièce
historique frappèrent tellement les esprits, que Buonaparte s'aperçut trop
tard qu'il avait commis une énorme bé-
vue en favorisant sa publication : aussi
fut-ce la seule fois que le roi pût communiquer sans obstacle avec les Français. (1)

---

(1) Voici cette proclamation.

Louis, par la grâce de Dieu, roi de France et de
Navarre, à tous nos sujets, salut.

La France, libre et respectée, jouissait par nos
soins de la paix et de la prospérité qui lui avaient
été rendus, lorsque l'évasion de Napoléon Buonaparte
de l'île d'Elbe, et son apparition sur le sol français
ont entraîné dans la révolte la plus grande partie de
l'armée. Soutenu par cette force illégale, il a fait
succéder l'usurpation et la tyrannie à l'équitable empire des lois.

Les efforts et l'indignation de nos sujets, la ma-
jesté du trône et celle de la représentation nationale
ont succombé à la violence d'une soldatesque mu-
tinée, que des chefs traîtres et parjures ont égarée
par des espérances mensongères.

Les mesures de prohibition se renouve-
lèrent plus que jamais, et on poussa le

Ce criminel succès ayant excité en Europe de justes
alarmes, des armées formidables se sont mises en
marche vers la France, et toutes les puissances ont
prononcé la destruction du tyran.

Notre premier soin, comme notre premier devoir,
ont été de faire reconnaître une distinction juste et
nécessaire entre le perturbateur de la paix et la nation française opprimée.

Fidèles aux principes qui les ont toujours guidés,
les souverains nos alliés ont déclaré vouloir respecter
l'indépendance de la France, et garantir l'intégrité
de son territoire. Ils nous ont donné les assurances
les plus solennelles de ne point s'immiscer dans son
gouvernement intérieur : c'est à ces conditions que
nous nous sommes décidés à accepter leurs secours
généreux.

L'usurpateur s'est en vain efforcé de semer entre
eux la désunion et de désarmer par une fausse modération leur juste ressentiment. Sa vie entière lui a
ôté à jamais le pouvoir d'en imposer à la bonne foi.
Désespérant du succès de ses artifices, il a voulu,
pour la seconde fois, précipiter avec lui dans l'abîme
la nation sur laquelle il fait régner la terreur. Il re-
nouvelle toutes les administrations, afin de n'y placer
que des hommes vendus à ses projets tyranniques ; il
désorganise la garde nationale, dont il a dessein de
prodiguer le sang dans une guerre sacrilége ; il feint

despotisme jusqu'à ne faire parvenir aux journalistes les papiers publics étran-

---

d'abolir des droits qui depuis long - temps ont été détruits ; il convoque un prétendu Champ-de-Maï pour multiplier les complices de son usurpation; il se promet d'y proclamer, au milieu des baïonnettes, une imitation dérisoire de cette constitution qui, pour la première fois après vingt-cinq années de troubles et de calamités, avait posé sur des bases solides la liberté et le bonheur de la France. Il a enfin consommé le plus grand de tous les crimes envers nos sujets, en voulant les séparer de leur souverain, les arracher à notre famille, dont l'existence, identifiée depuis tant de siècles à celle de la nation elle-même, peut seule encore aujourd'hui garantir la stabilité de la légitimité du gouvernement, les droits et la liberté du peuple, les intérêts mutuels de la France et de l'Europe.

Dans de semblables circonstances, nous comptons avec une entière confiance sur les sentimens de nos sujets, qui ne peuvent manquer d'apercevoir les périls et les malheurs auxquels un homme que l'Europe assemblée a voué à la vindicte publique les expose. Toutes les puissances connaissent les dispositions de la France. Nous nous sommes assuré de leurs vues amicales et de leur appui.

Français! saisissez les moyens de délivrance offerts à votre courage! ralliez-vous à votre Roi, à votre père, au défenseur de tous vos droits; accourez à

gers, auxquels ils étaient abonnés, que
par l'intermédiaire de la police. C'est
dire assez qu'on leur interdisait la con-
naissance de la plus grande partie d'entre
eux. Cet état de choses et la liberté de la
presse ont également duré jusqu'à la
nouvelle chute de Buonaparte.

Il savait dès long-temps que s'il attendait, pour la cérémonie du Champ-de-
Mai, le retour de l'impératrice, cette
solennité courait risque de n'être pas cé-
lébrée de sitôt. Il fallut bien qu'il prît
son parti, après des lenteurs qui don-
naient lieu à de nombreuses conjec-
tures, toutes plus ou moins défavorables
à sa cause. Il fixa donc au premier juin
cette réunion, qu'on ne manqua pas

---

lui pour l'aider à vous sauver, pour mettre fin à une
révolte dont la durée pourrait devenir fatale à notre
patrie, et pour accélérer, par la punition de l'auteur
de tant de maux, l'époque d'une réconciliation
générale.

Donné à Gand, le deuxième jour du mois de mai,
de l'an de grâce mil huit cent quinze, et de notre
règne le vingtième.

d'annoncer comme devant être aussi imposante que la fameuse fédération de 1790. Le grand-maître des cérémonies, M. de Ségur, déploya toute la profondeur de ses connaissances dans le programme de celle-ci ; mais la plupart des observateurs s'obstinèrent à ne voir dans le Champ-de-Mai, tenu au Champ-de-Mars dans le mois de juin, qu'une espèce de comédie, fort peu satisfaisante pour les spectateurs.

Des discours et une distribution d'aigles en furent les parties principales. Buonaparte eut grand soin de dire ce qui avait été répété tant de fois depuis son retour, qu'il était venu comme un libérateur au secours de son peuple opprimé ; mais il se garda bien de répondre à cette question souvent agitée à voix basse : Si l'Empereur est venu nous délivrer et nous soustraire à de prétendus malheurs, comment se fait-il qu'à cause de lui seul une guerre universelle succède à la paix la plus profonde ?

Il y avait un grand nombre de spectateurs assemblés pour voir passer le
cortége; car toutes les fois que l'on
offrira au peuple un tel coup d'œil, il
s'empressera de se procurer ce passe-
temps. Le concert et le feu d'artifice ne
manquèrent pas non plus d'attirer la
foule; mais j'affirme, sans crainte d'être
démenti, que l'enthousiasme dont les
journaux parlèrent tant, *par ordre*, fut
bien loin d'être général. Il régnait au
contraire dans cette grande réunion une
inquiétude sourde trop bien justifiée par
l'état de la patrie, et que les mâts de
Cocagne, les distributions de comestibles
ne pouvaient empêcher de se manifester.

Alors commença l'ouverture de la session des deux chambres; session qui,
pour avoir peu duré, n'en sera pas moins
à jamais fameuse dans nos annales. On a
beaucoup exalté et beaucoup déprécié
ces deux chambres, surtout celle des
représentans; car malgré la hiérarchie
établie, celle des pairs n'a vraiment joué

que le second rôle. C'est ici plus que jamais que l'impartialité est nécessaire.
Examinons d'abord quelle fut la composition de cette chambre des représentans.

Il est anjourd'hui généralement reconnu que les élections se firent presque
partout sous l'influence immédiate des
agens de Buonaparte, et que dans beaucoup de départemens le nombre des élec-
teurs fut fort restreint; cependant celui
des députés devant être assez considé-
rable, il se trouva en dernier résultat
que la chambre fut composée d'élémens
fort hétérogènes. Un tiers environ des
membres de la chambre précédente, de
cette chambre à qui le roi avait rendu
la parole, fut réélu. La plupart d'entre
eux s'étaient montrés disposés à entra-
ver la marche du gouvernement royal.
Parmi les membres nouveaux étaient en
immense majorité des gens de loi, dont
quelques-uns jouissaient d'une réputa-
tion honorable, mais qui, pour la plu-

part, n'étaient guère connus hors des limites de leur lieu natal. Enfin la chambre offrait deux classes d'hommes très-remarquables, des officiers, des ministres connus par leur dévouement sans bornes à Buonaparte, et des membres de la trop fameuse Convention, de qui les noms, condamnés depuis long-temps à une odieuse célébrité, se rattachaient aux journées les plus désastreuses d'une époque si féconde en malheurs. (On sent bien que, parmi ces derniers, ne doit pas être compris le président de la chambre, M. Lanjuinais.)

Les frères de Buonaparte, Joseph, Jérome, et Lucien, dit le prince de Canino, avaient assisté à la cérémonie du Champ-de-Mai ; ils furent membres de la chambre des pairs. Quelques jours plus tard, les deux ex-rois, auxquels on eût pu joindre Murat, dont les destinées venaient de s'achever, virent leur frère et leur appui descendre lui-même du trône d'où il avait déjà été chassé, et durent faire de pro-

fondes réflexions sur les vicissitudes hu-
maines.

La Vendée avait déjà pris une attitude
redoutable , et le sang coulait depuis plusieurs semaines dans les provinces occi-
dentales , quand Buonaparte sentit la
nécessité de se rendre lui-même au nord.
Les alliés , après avoir renouvelé les pac-
tes qui les unissaient , venaient enfin de
faire marcher vers les frontières de la
France d'innombrables légions. Il n'y eut
pas une puissance européenne, à l'exception de la Porte-Ottomane, qui ne fût
entrée dans la ligue, et la Russie , par
compensation , fournissait des troupes
asiatiques. Tout Français était accablé
par la pensée que la résistance contre ces
énormes masses ne pourrait qu'aggraver
nos malheurs , et il s'en fallait de beaucoup que les travaux journaliers aux re-
tranchemens de Paris, fussent de nature
à calmer ces inquiétudes. Aux maux que
nous avions à craindre, il ne se présentait qu'un remède , un seul ; mais il était

sûr : c'était de rappeler ce Roi, ce père
éloigné de nous avec autant de violence
que d'injustice. Chacun le sentait ; et une
minorité factieuse, se disant avec une
extrême impudeur l'organe de la nation,
s'obstinait à sacrifier les restes des armées
françaises , pour maintenir Buonaparte
sur le trône !

Les premières séances de la chambre
des représentans ne firent qu'accroître les
inquiétudes : un M. Leguevel proposa
tout simplement de mettre *hors la loi*,
non seulement ceux qu'il appelait les *ré-*
voltés, mais encore leurs *ascendans* ou
descendans. C'était marcher sur les traces
des plus stupides et des plus atroces ty-
rans ; c'était égaler, dès les premiers pas,
les législateurs de 1793, dont plusieurs
siégeaient dans la chambre. Cette chambre, à la vérité, repoussa la proposition
de M. Leguevel ; mais c'était beaucoup
qu'il eût cru possible de la faire.

Un rapport du ministre des affaires
étrangères, venait enfin de déclarer offi-

ciellement ce qui n'était plus depuis long-
temps un secret pour personne. Son maître avouait, par son organe, qu'aucune
tentative de rapprochement n'avait pu
avoir de succès ; et Buonaparte fit, le
14 juin, à Avesnes, une proclamation à
son armée. A travers le ton de jactance
dont il n'avait jamais pu se défendre, on
démêlait des inquiétudes fort mal dissi-
mulées. Toutefois le premier bulletin annonça un succès : ce fut la prise de Char-
leroi ; mais il était évident que les événemens qui allaient suivre sur-le-champ,
pouvaient réduire à rien cet avantage.

Le ministre de la police, qui dès lors
prévoyait peut-être une partie de ce qui
allait arriver, fit ausi un rapport, d'après
lequel, malgré les ménagemens qu'il crut
devoir employer, on pouvait se convain-
cre que le bonheur de posséder de nouveau Buonaparte était acheté, par la
France, au prix de la guerre civile et
étrangère. Cet homme cependant pouvait,
avec quelque prudence, prolonger notre

agonie. Son caractère fougueux ne le permit pas : sa chute eut l'éclat et la rapidité de la foudre ; mais, sur le bord du précipice, il éprouva encore une faveur de la fortune, ou plutôt la bravoure des guerriers qui lui prodiguaient leur sang, lui permit de prononcer encore une fois le mot de victoire.

Sous le règne de Louis XIV, et au commencement des guerres de la révolution, les champs de Fleurus avaient vu triompher la valeur française. Ce fut non loin de là que l'armée de Buonaparte rencontra les Prussiens et les Anglais, sous le commandement de deux chefs illustres, le prince Blücher et le duc de Wellington. Buonaparte eut très-certainement l'avantage ; mais il fut trop évident qu'il en imposerait comme par le passé, quand on apprit de lui, qu'ayant affaibli l'armée alliée de deux mille hommes tués, blessés ou prisonniers, il n'en avait perdu que dix. Dans un bulletin postérieur, il porta le nombre des prisonniers ennemis à huit mille, et n'augmenta point celui de ses morts.

La bataille avait eu lieu le 16 juin. Le 17, une note laconique du maréchal Soult, major-général, annonça : « Que la ligne » ennemie avait été partagée ; que Wel- » lington et Blücher avaient eu de la peine » à se sauver, et que cela avait été comme » un effet de théâtre. »

Cette nouvelle fit une grande sensation. Les partisans de Buonaparte crurent ou fei-gnirent de croire qu'il allait de nouveau maîtriser la destinée. Déjà ils le voyaient dans la capitale de l'opulente Belgique, et maître du matériel des armées ennemies. A ces prétentions hautement annoncées, les gens sages opposaient quelques ré-flexions dont il était impossible de mécon-naître la justesse. Il résultait des récits officiels, que les ennemis avaient été for-cés de rétrograder, mais en disputant le terrain pas à pas. Rien n'était donc encore décidé. D'ailleurs, ne pouvaient-ils pas avoir reculé à dessein de quelques lieues,

afin de se trouver plus à portée de plusieurs corps accourant pour les rejoindre?
(Nous verrons tout-à-l'heure combien
cette dernière conjecture était fondée.)
Ils s'étonnaient encore que l'on n'eût pas
de détails plus circonstanciés. Il arriva
quelques lettres, mais toutes du 17, lendemain de la bataille, toutes écrites par des
officiers. L'une d'elles portait : « On dit
» que la perte des ennemis est de cin
» quante mille hommes. » L'extrême ridicule de cet *on dit* était palpable. Il de-
meurait toujours constant qu'une foule de
circonstances n'étaient point suffisam-
ment expliquées, et chacun était dans
l'anxiété, lorsqu'enfin, le 21, arrivèrent
des *nouvelles de l'armée*.

Elles revenaient sur la bataille livrée
à Ligny, près Fleurus, mais elles ajou-
taient, sous le titre de *bataille du Mont-
St.-Jean*, des détails propres à faire fris-
sonner. Buonaparte s'exprimait comme
dans ce fameux vingt-neuvième bulletin,
où il avait annoncé, sans détour, les af-

4

freux résultats de la retraite de Moscow.
Il demeura constant que la France venait de perdre la moitié de sa principale
armée; et l'on n'avait eu encore affaire
qu'à des troupes que l'on pouvait considérer comme l'avant-garde des forces alliées, puisque les Autrichiens, les Russes,
les Bavarois et autres Allemands, ne
faisaient alors que se rapprocher du
théâtre de la guerre ! On savait de plus
que pour faire ainsi porter un coup mor-
tel à sa puissance, Buonaparte avait ras-
semblé autour de lui sa garde, et l'élite
des troupes, depuis Huningue jusqu'à
Dunkerque. Les vainqueurs allaient donc
pénétrer dans un pays tout ouvert, chas-
sant devant eux une armée dans une ef-
froyable déroute. On apprit enfin que
Buonaparte fugitif était arrivé à Paris,
comme après ses désastres de Moscow et
de Leipsick, laissant ainsi sans général
cette armée, qui, pour sa cause personnelle, n'avait pas craint de mériter l'é-
pithète de parjure, et d'affronter les

forces de l'Europe entière. L'indignation fut à son comble. Venait-il encore dissoudre les chambres ? C'est ce que l'on pouvait conjecturer; mais très-certainement il venait de nouveau demander de l'argent et des hommes, il venait attirer sur Paris tous les fléaux de la guerre. Parvenus à cette époque décisive de son aventureuse et fatale carrière, il convient avant de le montrer à Paris , en présence des chambres , de revenir sur la journée où la défection fut punie d'une manière si terrible.

Même en avouant sa déroute totale, Buonaparte n'avait pas encore pu rendre à la vérité un hommage complet. Son bulletin est un mélange de mensonges et de faits constans ; et , par une singularité bizarre , il se trouve que lord Wellington a rendu plus que lui justice à l'armée française.

Ayant détaché le général Grouchy avec environ quarante mille hommes contre l'armée prussienne , Buonaparte en avait

4*

environ soixante-dix mille pour combattre les Anglais , Hanovriens, Belges
et Hollandais que commandait lord Wellington.

L'affaire eut lieu près du village de
Mont-Saint-Jean, en avant de Bruxelles.
Après une canonnade épouvantable sur
toute la ligne , Buonaparte dirigea ses
principaux efforts sur le centre des alliés,
et ses troupes montrèrent une ardeur
extrême ; mais cette ardeur même fut
fatale à un corps de cavalerie qui char-
gea les Anglais , sans songer s'il était
soutenu. La mitraille et la mousqueterie
lui firent éprouver de très-grandes pertes.
Cette cavalerie une fois engagée , il fallut
en envoyer d'autre pour la seconder , et
le général anglais s'attacha surtout pendant presque toute la journée à soutenir
et repousser les attaques réitérées qu'or-
donnait le chef de l'armée française.
Peut-être , en conservant son terrain ,
lord Wellington n'eût-il pas remporté un
avantage aussi décisif, si le corps prus-

sien du général Bulow n'eût attaqué vers
le soir le flanc droit de l'armée française.
Buonaparte ne s'était point attendu à
cette attaque, et l'on a peine à se rendre
compte de son inconcevable ignorance à
ce sujet. On se battait depuis le matin,
et la nuit était presque venue, lorsque les
Anglais, profitant du désordre que leurs
alliés avaient déjà commencé à causer
dans les rangs français, l'augmentèrent
par une charge générale. Ce moment fut
décisif. Une armée qui avait jusqu'alors
donné les preuves de la plus rare intrépidité, se débanda entièrement. Buonaparte perdit la tête : il s'enfuit avec quelques officiers, et, par cette fuite impar-
donnable, fut cause que le désordre ne
put plus être réparé. Dans cette situation cruelle, plusieurs corps de sa garde
se signalèrent par un de ces actes de dé-
sespoir dont l'histoire n'offre que très-
peu de preuves. Sous le feu de la mitraille
anglaise, et quand leur perte était inévitable, ils furent invités à se rendre : on

leur donna l'assurance que l'on aurait pour eux tous les égards que méritait leur va-leur. « La garde impériale meurt et ne se » rend pas » : telle fut leur réponse, et bientôt on les vit tirer les uns contre les autres, afin de ne pas périr de la main des ennemis, et de hâter eux-mêmes l'instant d'une mort certaine ; tandis que, frap-pés de stupeur, les Anglais pouvaient croire à peine l'étrange spectacle qu'ils avaient sous les yeux.

Les résultats de la journée furent aussi funestes aux vaincus qu'ils pouvaient l'être ; « les parcs de réserve, les bagages » qui n'avaient point repassé la Sambre, » et tout ce qui était sur le champ de » bataille sont restés au pouvoir de l'en-» nemi. » Cette phrase du bulletin de Buonaparte n'a pas besoin de commen-taire, et s'accorde avec les rapports des alliés. Il paraît constant que ceux-ci eu-rent environ dix mille hommes hors de combat, et que la perte de l'armée fran-çaise fut à peu près quadruple, en comptant les fuyards qui ne rejoignirent plus leurs corps. Paris et une partie de la France avaient été conquis en 1813 à la journée de Leipsick, puisque les actions subséquentes n'offrirent que les résultats inévitables de cette désastreuse journée. Ils le furent en 1815 à la bataille du Mont-Saint-Jean ou de Waterloo; et dans ces deux actions, on ne sait de quoi s'étonner le plus, de l'imprudence avec laquelle Buonaparte *joua* ses destinées, ou des preuves de dévouement que lui donnèrent ses soldats, et dont ils furent si douloureusement punis.

Des militaires expérimentés ont relevé publiquement les fautes du chef de l'armée française, et ses partisans se sont efforcés de le justifier autant qu'il était possible. Tout en gémissant sur les maux que ce fléau de l'humanité a fait peser sur la France; je crois devoir rapporter ici un des raisonnemens les plus spécieux que l'on ait employés en sa faveur.

Buonaparte, a-t-on dit, ne pouvait se

dissimuler l'immense supériorité numé-
rique des forces alliées , et en prenant
l'offensive contre les armées de Wellington et de Blücher il avait fait ce raisonnement : S'il arrivait que l'armée anglaise
fût détruite , les débats parlementaires
prendraient un caractère d'aigreur et
d'animosité dont il serait possible de
profiter pour jeter la division parmi les
puissances alliées.

Ces idées ont peut-être de la justesse ;
mais il fallait se faire absoudre par le
succès d'une attaque désespérée , où le
sort de l'armée et celui de la France entière étaient totalement compromis.

Tandis que Buonaparte fuyait le champ
du carnage , le cœur du roi devait éprouver les plus violentes émotions ; la victoire des alliés lui assurait sa réintégra-
tion ; il était vengé de ceux qui l'avaient
trahi ; mais que cette vengeance même
était douloureuse ! Dans de telles circonstances , l'âme du père veilla encore sur
des enfans ingrats , mais malheureux.

L'attention qu'avait eue Louis XVIII de
promettre vingt francs pour chaque pri-
sonnier français , sauva les jours d'un
grand nombre de fugitifs qui ne pouvaient opposer de résistance aux vainqueurs ; et le Roi se hâta de faire parvenir à Bruxelles des secours pécuniaires
pour les blessés , qu'il avait d'ailleurs
spécialement recommandés à l'humanité
des vainqueurs.

De quelles étonnantes scènes politiques
allait devenir le théâtre ; ce Paris sur lequel les yeux de l'Europe entière étaient
plus que jamais fixés! L'Empereur est de
retour, se disait-on, quels vont être les
résultats de sa sinistre présence au milieu
de nous? Voudra-t-il s'ensevelir sous les
ruines de Paris? Brisera-t-il comme de
fragiles instrumens de sa puissance, ces
deux chambres convoquées par lui depuis si peu de temps? Les souvenirs du
passé et son caractère bien connu faisaient
tout craindre, lorsque ces deux chambres
prirent une attitude à laquelle peut-être

on ne s'était pas attendu. Je sais tout ce
que l'on peut dire de leur illégalité; je
n'ai pas dissimulé ce que leur composition
offrait d'alarmant; je vais avoir occasion
de faire sentir combien les derniers momens de leur existence furent affreux pour
tout ami de l'ordre, pour tout vrai Français. Je dirai sans hésiter, qu'elles ont,
avant de se séparer, secoué les torches de
la guerre civile; mais je dirai aussi en ce
moment, qu'elles obtinrent par leur énergie un sacrifice qu'on n'osait espérer;
qu'elles provoquèrent la démission de
Buonaparte.

Pourquoi faut-il que tant de regrets et
de reproches se mêlent au souvenir du
bien que la chambre des représentans
opéra dans ces séances fameuses où le
langage de la liberté se fit si souvent entendre! Pourquoi ces remerciemens, ces
marques de respect envers le tyran abattu?
Pourquoi surtout cette reconnaissance
d'un enfant comme souverain, quand le
nom du prince légitime était dans tous les

cœurs, dans toutes les bouches; quand
en prononçant solennellement ce nom vé-
néré on eut pu éviter à la France les plus
horribles malheurs! Ah! c'est que la chambre des représentans n'était pas, ne pouvait pas être l'organe de la volonté nationale. C'est que le funeste génie de la
Convention, que le génie de 1793 l'inspirait; c'est qu'elle ne voulait que substituer
une tyrannie à une autre, et que sans
l'intervention des alliés, sans la force,
en un mot, qui a confondu les projets les
plus funestes, nous aurions en ce moment un comité de salut public, la terreur, l'anarchie, les anciennes mesures
acerbes, et les anciens échafauds.

Dans l'acte même par lequel il parais-
sait vouloir affranchir le monde de sa
fatale influence, Buonaparte se montra
encore injuste et absurde. « Ma vie po-
» litique est terminée, disait-il, *je pro-*
» *clame* mon fils, sous le titre de Napo-
» léon II, empereur des Français. » Les
chambres, on devait s'y attendre, n'a-

vaient pas à délibérer un seul instant sur
cette proclamation ; mais quelle douleur, quelle consternation générale, lorsqu'on les vit reconnaître Napoléon II !
Pouvaient-elles raisonnablement espérer
que les puissances alliées seraient satis-
faites ? Une seule peut-être…. Mais nous
savons aujourd'hui avec quelle loyauté un
monarque auguste déclara qu'il ne con-
naissait point de Napoléon II. Les Français
fidèles furent dès lors un peu rassurés
quand le gouvernement provisoire ordonna de proclamer les actes publics *au
nom du peuple français*. Telle était notre
pénible situation, que nous trouvions un
peu d'espoir dans une formule républi-
caine, qui, en tout autre moment, nous
eut fait frémir.

A peine les chambres eurent-elles reçu
la démission de Buonaparte, et reconnu
son fils, qu'elles déployèrent, comme à
l'envi, tout le mauvais esprit que l'on
pouvait attendre des pairs de Buonaparte
et de prétendus représentans, constitués

par sa faction mandataires du peuple.
Nous avions une charte constitution-
nelle, à laquelle le Roi avait promis de
faire des améliorations désirées, et fa-
ciles à effectuer. Les chambres n'en tin-
rent aucun compte, et se mirent à im-
proviser une constitution nouvelle. On
semblait se complaire dans la pensée de
songer au bonheur des générations fu-
tures, de discuter avec impassibilité de
grandes questions d'organisation sociale,
lorsque l'ennemi, n'ayant plus d'obstacles à combattre, s'avançait, à grands
pas. On parlait de *mourir sur les chaires
curules*, comme si l'affectation de l'hé-
roïsme n'eut pas été alors une vraie jon-
glerie, et comme si l'on n'eût pas dû,
avant toutes choses songer à faire cesser
l'effusion du sang, et à calmer les terreurs les mieux fondées.

Tandis que dans la chambre des représentans on prenait ainsi un air romain,
dans celle des pairs on dérogeait un peu.
M. la Bédoyère y disait, à quelques-uns

de ses honorables collègues, des vérités
crues ; puis, se livrant à tout son enthousiasme pour son héros, il finissait
par déclarer nettement « que la nation
» française n'était pas digne de Napo-
» léon. » Eh! monsieur, pourquoi donc
vous et les vôtres vous étiez-vous tant
agités pour nous le ramener? Un pair fit
l'observation que « l'orateur se croyait en-
» core au corps-de-garde, » et les esprits
se calmèrent.

Parmi tous ces débats ridicules qui avi-
lissaient les chambres, on semblait s'attacher avec un soin particulier à parler des
royalistes de l'ouest. Toujours ils étaient
battus, mais toujours ils se trouvaient
plus forts que jamais ; on eut dit que l'on
voulait rivaliser de bonne foi avec le fameux auteur des rapports sur l'ancienne
Vendée. Enfin, on annonça qu'une convention avait été conclue avec les *rebelles*
(quelques personnes disaient même les
brigands), et l'on annonça, dans tous les
carrefours d'une ville menacée par cinq

cent mille hommes, la *grande* soumission des chefs vendéens.

Cette nouvelle fit plaisir aux gens de
bien. Dans l'état actuel des choses,
c'était à Paris, et non dans les départemens de l'ouest, que le sort de la France
devait être décidé. Il était donc avanta-
geux que le sang des Français ne fût plus
versé par d'autres Français, sans aucun
résultat : de plus, la convention prouvait
bien que les royalistes n'étaient pas sou-
mis, comme on affectait de le publier.
Ils conservaient leur territoire ; et, dans
cette attitude imposante, ils attendaient
le dénouement prochain et prévu du
grand drame politique. Cette suspension
d'armes leur avait d'ailleurs été ordonnée
par le Roi lui-même : il savait trop que
d'autres parties de la France allaient être
exposées à des maux dont il ne pouvait les
préserver.

Les nouvelles de l'armée étaient cependant toujours inquiétantes. Le général
Grouchy, complétement abandonné par

son chef, avait fait sur Namur une trouée sans but, sans avantage probable; et tout ce que l'on pouvait attendre des talens des généraux et de la valeur des soldats de ce corps d'armée, c'était qu'il pût effectuer sa retraite sans être anéanti. Quant aux armées dites de la Moselle et du Rhin, le désastre de l'armée principale découvrait leur flanc, et l'on pouvait à peine espérer qu'elles disputassent le terrain contre des forces dont la supériorité était hors de toute proportion; car des décrets impériaux ne transforment point en soldats des hommes paisibles, et l'on sait trop que les *corps francs*, ce présent funeste fait à notre patrie par Buonaparte, ne se sont guère signalés que dans cette petite guerre, dont les paysans et les maisons isolées éprouvent les résultats les plus directs.

Deux mesures présentées comme très-importantes, furent alors adoptées. On envoya des commissaires au quartier-général des puissances alliées, et on prit

toutes les résolutions propres à démon-
trer aux Parisiens que leur ville devait
se défendre jusqu'à la dernière extré-
mité. Des membres de la chambre des représentans furent envoyés au quartier-
général du maréchal Davoust, prince
d'Eckmülh, généralissime de l'armée. Par
malheur ils n'avaient pas une longue
course à faire. Ils le trouvèrent dans la
bourgade de la Villette, qui touche au
faubourg Saint-Martin. M. Garat, d'idéo-
logue, de sénateur et de ministre, devenu tout à coup homme de guerre, déclara «qu'il avait monté à cheval; que la
» défense de Paris, qui semblait impos-
» sible, était, selon lui, extrêmement
» facile; qu'il avait vu couler des larmes
» de ces *énormes* visages, etc., etc.» Nous
semblions revenus au temps de la Fronde,
où le ridicule se joignait aux actes belli-
queux; mais les dangers que courut Paris, dans ces temps fameux, n'étaient
en quelque sorte que des jeux d'enfans,
en comparaison de ceux qui nous mena-

çaient. Cette armée qui, selon la belle expression de M. de Châteaubriand, «s'é-» tait jetée toute sanglante dans les bras » du petit-fils de Henri IV », trouvait alors à peine dans la retraite à laquelle elle se voyait forcée , quelques instans pour panser ses blessures. Les prodiges de valeur qui lui étaient depuis si long-temps familiers , devenaient inutiles ; son salut, le nôtre, celui de la France, dépendaient d'un seul cri....., et elle s'obstinait à ne pas le prononcer.

Dans l'état où la France était réduite, que pouvait le Roi ? « *accourir , pour* » *ramener ses sujets égarés, pour adoucir* » *les maux qu'il avait voulu prévenir, pour* » *se placer une seconde fois entre les* » *armées alliées et les Français , dans* » *l'espoir que les égards dont il pensait* » *être l'objet, tourneraient à leur salut.* » C'est ainsi qu'il s'exprimait dans sa pro-clamation du 28 juin , dans cet acte so-lennel dont toutes les expressions doi-vent être méditées, et qui donnant l'idée

exacte de tout ce que nous pouvons espérer, de tout ce que nous aurions à craindre, si l'erreur d'une partie de la nation
se prolongeait encore , doit ramener à
lui, au nom de leurs intérêts les plus
chers , tous les Français qui n'ont pas
juré à jamais leur perte et celle de la
patrie. Le Roi était alors à Cambrai : Lille
n'eut pas le bonheur de lui ouvrir ses portes , mais du moins dès les premiers pas
qu'il fit de nouveau sur le territoire français , les sentimens trop long-temps comprimés éclatèrent. Arras reçut dans ses
murs M. de Bourmont ; et l'on vit les habitans de Cambrai aider eux-mêmes les
assaillans à entrer dans leurs murailles.

Dumouriez fut un intrigant, un de ces
hommes dangereux qui servent tous les
partis, en ne songeant qu'à leur intérêt
personnel ; mais il avait des talens militaires. Il dit positivement dans ses Mé-
moires, que le projet de défendre Paris
était *absurde* et *impraticable*. L'expérience de 1814 avait justifié cette asser-

5*

tion. Cependant le parti de Buonaparte,
toujours subsistant malgré l'abdication,
n'hésita point à nous exposer aux horreurs d'une prise d'assaut. De nombreux
corps de troupes, parmi lesquels était
celui du général Vandamme, traver-
sèrent dans tous les sens une ville immense, et menacée désormais sur ses
points les plus vulnérables, c'est-à-dire
du côté des faubourgs Saint-Germain et
Saint-Jacques. On prit position dans la
plaine de Montrouge; car on s'apercevait
que Wellington et Blücher n'avaient pas
voulu attaquer de front les retranche-
mens de Montmartre et de Chaumont,
mieux fortifiés que l'année dernière. Dans
ces momens de la plus cruelle agitation,
Buonaparte se mit enfin en voyage, nous
laissant pour perspective très-prochaine
la famine et le ravage. Tels devaient être
ses adieux à ces mêmes Parisiens qui
avaient d'abord appris son existence par
la mitraille du 13 vendémiaire. L'ennemi était à nos portes, et peut-être des

fureurs intestines allaient-elles mettre
le comble à nos dangers ; mais la garde
nationale , par un zèle au-dessus de tous
les éloges , sut du moins écarter ces derniers malheurs. Les vociférations, les
insultes même de quelques misérables ,
soudoyés par les complices du tyran , ne
prévalurent point contre sa noble ferme-
té. Tous les citoyens qui la composaient
sentirent l'étendue de leurs devoirs , se
montrèrent dignes de les remplir ; et
cette fois encore , Paris fut sauvé par
eux.

Tandis que les bons Français veillaient
ainsi sur leurs intérêts les plus chers , la
chambre des représentans venait d'achever sa constitution nouvelle ; et la commission de gouvernement , occupée d'une
manière un peu plus utile, songeait dès
lors à une transaction qui seule pouvait
nous soustraire à d'incroyables malheurs.

On s'attendait chaque jour à une bataille générale : il n'y eut que des affaires

partielles dont le compte est facile à rendre, en disant que de part et d'autre on
se battit avec intrépidité, et que les habitans des environs de Paris souffrirent
beaucoup. La fatalité qui nous poursuivait n'épargna pas même la ville où
Louis XIV avait déployé tant de magni-
ficence. Versailles fut occupé de vive force
par les ennemis, et réduit à un état très-
malheureux, tandis que les soi-disans
représentans du peuple criaient *vive la
liberté! point de Bourbons!* Un lieu qu'a-
vait habité souvent Buonaparte, ne pouvait échapper aux soldats alliés : le château de Malmaison fut entièrement pillé.

Tandis que des combats se livraient tout
à l'entour de la capitale de la France, et
que le canon et la fusillade se faisaient
entendre pendant toutes les longues jour-
nées de la saison, depuis l'aube du jour
jusqu'à la nuit, des négociations sérieuses
avaient lieu. Les chefs de l'armée française sentaient enfin tout ce que sa position avait de critique, ils songeaient

aussi à préserver Paris de maux incalculables ; mais les alliés, profitant de tous
leurs avantages, ne voulaient accéder à
aucune trève si l'armée française ne se
retirait au-delà de la Loire. Quelques ten-
tatives avaient été faites pour distraire la
garde nationale de son' service, indispen-
sable dans l'intérieur, et l'envoyer combattre des troupes régulières, avec la
certitude d'être défaite; mais ces projets,
que l'on peut hautement appeler des com-
plots, n'avaient point été réalisés. Des
fédérés des faubourgs s'étaient battus
avec courage ; mais leurs efforts ne pouvaient amener aucun résultat avanta-
geux ; enfin le 4 juillet, la commission
du gouvernement adressa aux deux chambres un message contenant la *convention*
signée la veille entre les officiers des armées respectives. Si, par cet acte mémorable, Paris subissait la loi des vainqueurs, du moins il échappait à toutes
les horreurs d'une prise de vive force. Le
message était conçu dans des termes pleins

de sagesse et de dignité. « En vain, disaient
» les membres de la commission de gou-
» vernement, nous avons essayé de lutter
» contre la tempête ; nos efforts ont été
» impuissans , nos moyens de défense
» étaient épuisés ; et , malgré le courage
» héroïque de nos troupes, et le dévoue-
» ment de la garde nationale de Paris,
» nous avons reconnu qu'il était impos-
» sible d'empêcher que les alliés ne péné-
» trassent dans Paris, soit de vive force,
» soit par la voie des négociations.

» Nous avons préféré ce dernier moyen,
» pour ne pas compromettre le sort de la
» capitale au hasard d'un dernier com-
» bat, *contre des forces majeures, prêtes*
» *à recevoir de nouveaux renforts.* »

Ces derniers mots étaient l'expression
exacte de la plus rigoureuse vérité ; et si
le peu d'étendue de mon récit m'oblige
à ne pas m'arrêter sur un grand nombre
d'événemens secondaires, je n'oublierai
pas du moins de consigner ici un de ces
faits qui, au milieu de tant d'agitations

et de terreurs, émurent délicieusement
les amis de la patrie et de l'humanité.
Lord Wellington fit voir aux commissaires du gouvernement provisoire la
totalité de ses forces : il leur montra les
assurances qu'il avait d'être bientôt re-
joint par des corps nombreux; et, portant ainsi la conviction dans leurs esprits,
acheva de les déterminer à prendre un
parti qui seul pouvait sauver la capitale
de la France. En effet, en supposant même
que l'armée française, très-inférieure en
nombre, eût d'abord obtenu un avantage
peu probable, les alliés auraient bientôt
repris l'offensive : ils fussent revenus plus
nombreux et plus redoutables, et une
seconde journée de Waterloo eût proba-
blement succédé à une seconde journée de
Ligny. Honneur donc à l'homme vraiment
grand qui mit sa gloire à épargner le
sang de plusieurs milliers de braves, et
qui préféra un paisible triomphe à de
sanglans trophées!

Je me suis promis, en commençant ce

récit, de ne rien dissimuler de ce que je croirais vrai; je dirai donc que si la red- dition de Paris excita en général la satis- faction des paisibles citoyens, que si les angoisses des époux et des pères furent calmées, l'honneur militaire ne permit pas aux soldats de la considérer sous le même aspect. La plupart d'entre eux témoignaient leur mécontentement. Ils se disaient encore une fois trahis, tandis qu'on leur avait fourni les moyens d'évi- ter, sans compromettre leur antique re- nommée, la lutte la plus inégale. Avec quelle douleur nous les voyions, respec- tables jusque dans leur erreur, adresser au gouvernement et aux Parisiens les reproches les moins fondés! Il semblait que l'esprit de vertige se fût répandu sur eux dès le moment qu'ils avaient quitté les drapeaux du père de la patrie; et qui sait, grand Dieu! si en ce moment même la plupart d'entre eux ne persistent pas encore dans leur aveuglement! On as- sure, et quel Français ne l'a pas appris

avec transport! qu'ils ont fait leur soumission au Roi, qu'ils ont abjuré les couleurs de l'anarchie et du despotisme,
pour reprendre celles que portaient dans
les champs de la gloire leurs aïeux et les
nôtres; mais il est triste qu'une nouvelle
si ardemment désirée n'ait pas encore ce
degré de certitude qui dissipe tous les
doutes.

La capitulation de Paris semblait devoir mettre fin à toutes les divisions; mais
ce fut en cette circonstance même que les
chambres manifestèrent le plus leur dessein d'éterniser nos malheurs. Il fut dé-
montré aux plus incrédules qu'en détrô-
nant Buonaparte, elles n'avaient songé
qu'à elles-mêmes; à peu près comme le
sénat conservateur avait l'année précédente improvisé un projet de constitution
dans lequel il s'occupait spécialement
de ses intérêts particuliers. Ce sénat, du
moins, avait daigné céder au vœu national, et *appeler* au trône Louis XVIII.
Cette fois-ci, les chambres s'obstinèrent

à ne reconnaître que Napoléon II, « et elles
» mirent sous la sauve-garde spéciale des
» armées, des gardes nationales et de
» tous les citoyens, la cocarde, le drapeau
» et le pavillon tricolores. »

Mais tout annonçait que l'instant était
enfin venu où l'ordre succéderait à cet
état d'anarchie. On savait que *Monsieur*
n'était pas loin : on n'ignorait pas non
plus que le Roi s'avançait rapidement,
escorté par sa garde fidèle et une armée
de gardes nationaux des départemens qu'il
avait traversés. Plusieurs journaux ressai-
sissant déjà une partie de leur indépendance, imprimèrent la dernière proclamation du Roi aux Français, celle qu'il
avait fait paraître à Cambrai huit jours
auparavant. (1) « J'accours pour ramener
» mes sujets égarés, y disait cet excellent

---

(1) Le 28 juin. C'est dans cette proclamation que
se trouve la phrase qui sert d'épigraphe à cet ouvrage.
Je n'ai pas cru devoir rapporter textuellement un acte
de l'autorité royale aujourd'hui si généralement
connu, et que tout vrai Français doit savoir par cœur.

» prince, pour adoucir les maux que j'a-
» vais voulu prévenir, pour me placer
» une seconde fois entre les armées alliées
» et les Français, dans l'espoir que les
» égards dont je pense être l'objet tourne-
» ront à leur salut. » Croira-t-on que cette
proclamation, si propre à fixer les idées,
à calmer les inquiétudes, à rassurer les
esprits, fut arrachée presque au moment
même où on l'afficha dans Paris ? C'est
que nous étions réellement sous le joug
des anarchistes. L'armée se prononça
contre la convention qui sauvait la capitale de la France.

Un certain nombre de fédérés montra
des dispositions également alarmantes. Il
y eut sur les boulevards et dans les rues
des coups de fusil tirés à l'approche de
la nuit. On entendit même quelques coups
de canon. C'était le 5 juillet; et cette
journée, qui pouvait devenir si fatale, ne
sortira jamais de la mémoire des Parisiens. Nous venions d'échapper aux plus
grands dangers, et des dangers non moins

redoutables nous menaçaient encore.
Aussitôt la générale bat dans tous les
quartiers : l'infatigable garde nationale
est à son poste, les boutiques se ferment;
et tandis que des hommes égarés pous-
sent des hurlemens féroces et semblent
prêts à se porter aux plus violens excès,
l'impassibilité, la prudence, le sang-froid
des bons citoyens, parviennent à ramener l'ordre. On remarqua, et certes il y
aurait eu bien de l'injustice à ne pas le
faire, que les régimens de la garde impériale donnèrent l'exemple de l'amour
pour la discipline et le calme. Leur conte-
nance était triste ; mais ils exécutaient
la convention sans murmures, sans au-
cunes de ces vociférations alarmantes
dont les soldats de plusieurs autres corps
épouvantaient les citoyens paisibles. La
commission du gouvernement fit une proclamation tendante à maintenir l'ordre.
« Soyez unis, disait-elle aux Français, et
» vous touchez au terme de vos maux. »
Ces paroles consolantes étaient facilement

interprêtées; mais tandis qu'on se livrait
à l'espoir qu'elles faisaient naître, la
chambre des représentans, au lieu de
réprimander les fauteurs de l'indiscipline,
faisait publier la plus étrange déclaration. Elle annonçait « que tout gouver-
» nement qui n'aurait d'autre titre que
» les acclamations de la *minorité*, qui
» *n'adopterait pas les couleurs nationa-*
» *les*, etc. etc., *n'aurait qu'une existence*
» *éphémère*, et n'assurerait pas la tran-
» quillité de l'Europe. » Certes c'était bien
là un manifeste contre le gouvernement
royal, c'était bien l'arme la plus funeste
fournie aux fauteurs de révolutions; et, je le
demande aux hommes impartiaux, en ai-je
trop dit quand j'ai annoncé que la chambre des représentans nous laissait pour
adieux des provocations à la guerre civile?
Ce dangereux écrit fut affiché avec pro-
fusion dans cette même ville où l'on ne
permettait pas au père des Français de
consoler, par la manifestation de ses sentimens, ses enfans malheureux. Dans

cette lutte vigoureuse entre le bon et le mauvais principe, ce dernier semblait encore triompher, ou du moins il déployait encore toute son audace au moment où sa défaite n'était plus douteuse, même à ses propres yeux.

On n'eut pas honte d'imprimer dans le *Moniteur* du 6 juillet, entr'autres mensonges, « que le drapeau tricolore et » la cocarde nationale étaient partout » arborés au milieu des armées enne- » mies. » (1) Ainsi, jusqu'au dernier mo-

---

(1) On croira peut-être que jamais rien de plus effronté n'avait été imprimé dans les papiers français : ce serait une erreur. Quelque temps auparavant, lorsque l'on avait cru nécessaire d'annoncer comme un fait positif l'abdication du Roi, on avait eu l'impudence de dire que, pendant une séance tenue à Gand par *Monsieur*, son prétendu successeur, Louis XVIII avait gardé le silence, *parce qu'il était buonapartiste*. Mon respect pour la dignité royale m'eut empêché de consigner ici cette turpitude ; mais tout le monde a pu la lire dans le *Moniteur* ou dans les autres journaux, forcés de la répéter ; et d'ailleurs il n'est pas inutile de faire remarquer par quels vils et odieux moyens les ennemis du roi soutenaient parfois leur cause.

ment on voulait tromper le peuple. Quoi
qu'il en soit, plusieurs gardes nationaux
allèrent à S.-Denis présenter leur hommage à *Monsieur*, leur colonel général,
et lui exprimer les sentimens de tous les
bons citoyens. En même temps les alliés,
selon la convention, occupaient les re-
tranchemens de Montmartre ; et dans
Paris, les personnages les plus marquans
prénaient leur parti selon le rôle qu'ils
avaient joué depuis quelques mois. Ce
fut ainsi, par exemple, que le maréchal
Ney quittait la capitale, tandis que le
maréchal Macdonald faisait son service
dans la garde nationale, comme simple
grenadier.

Au milieu des graves discussions sur
la Constitution, que la chambre des représentans continuait avec une tenacité
fort plaisante, de grands débats avaient
quelquefois lieu. Dans la séance du 6 juillet, M. Bory de Saint-Vincent s'écria :
« J'ai vu, et quand un colonel français
» dit j'ai vu, on peut croire à sa parole :
» j'ai vu un garde du corps dans nos
» murs ! » Et je ne sais par quelle fatalité
la chambre conserva son sérieux à cette
merveilleuse révélation. D'autres membres s'amusèrent à dénoncer les journaux ; mais M. Dumolard, saisissant cette

6

fois encore l'occasion de parler, et de parler de lui-même, déclara « qu'il était le
» plus maltraité dans l'une des feuilles
» dont on se plaignait ; qu'il présentait
» en réponse sa vie entière ; qu'il donnait
» au rédacteur tout son mépris, et de-
» mandait l'ordre du jour. » Il eut pour-
tant été assez curieux qu'au moment
même où elle était menacée d'une disso-
lution inévitable, la chambre qui venait
de consacrer la liberté de la presse et la
liberté individuelle, eût porté atteinte
à toutes deux.

Le 8 juillet, environ cinquante mille
alliés entrèrent par la barrière de l'Etoile
dans la ville, où, à l'exception des mala-
des et des blessés, il ne se trouvait plus
de forces régulières françaises, et l'on
sut d'une manière positive que le Roi
était à Saint-Denis avec les troupes de sa
maison. Parmi la joie qu'inspirait cette
nouvelle, on apprit, sans une grande
surprise, que ce monarque, malgré l'in-
jonction de la chambre des représentans,
s'était obstiné, aussi bien que ses défen-
seurs fidèles, à ne porter d'autre couleur
que celle de son aïeul Henri IV. Les chefs
de légion de la garde nationale étonnè-
rent au contraire tous les Parisiens, à
commencer par leurs légionnaires, en se

prononçant par une déclaration publique
en faveur de la cocarde tricolore.

La chambre des représentans s'occupait
le 7 juillet de l'hérédité des pairs, lorsqu'elle reçut la lettre suivante, signée de
tous les membres de la commission du
gouvernement : « M. le président, jusqu'ici
» nous avons dû croire que les intentions
» des souverains alliés n'étaient point
» unanimes sur le choix du prince qui
» doit régner en France.

» Nos plénipotentiaires nous ont donné
» les mêmes assurances à leur retour ;
» cependant les ministres et les généraux
» des puissances alliées ont déclaré hier
» dans les conférences qu'ils ont eues
» avec le président de la commission,
» *que tous les souverains s'étaient enga-*
» *gés à replacer Louis XVIII sur le*
» *trône, et qu'il doit faire ce soir ou*
» *demain son entrée dans la capitale.*

» Les troupes étrangères viennent d'oc-
» cuper les Tuileries, où siége le gouver-
» nement ; dans cet état de choses nous ne
» pouvons plus que faire des vœux pour
» la patrie, et nos délibérations n'étant
» plus libres, nous croyons devoir nous
» séparer.

» Le maréchal prince d'Eckmülh et le
» préfet de la Seine ont été chargés de

» veiller au maintien de l'ordre , de la
» sûreté et de la tranquillité publique. »
Après la lecture de cette lettre , un des
députés qui avait le plus activement tra-
vaillé à la constitution nouvelle , M. Ma-
nuel , jugea convenable de répéter le mot
fameux de Mirabeau : « Nous avons été
» envoyés par la volonté de nos com-
» mettans , nous ne sortirons que par la
» puissance des baïonnettes. » M. Garat
saisit cette dernière occasion de faire
une distinction entre deux expressions
employées par un de ses honorables collègues , et l'on s'ajourna au lendemain.

Quand la lettre rapportée ci-dessus fut
connue dans le public, elle y produisit
un effet merveilleux. Jamais la majeure
partie des hommes honnêtes n'avait
douté des sentimens des souverains alliés ; mais on avait depuis quelque temps
pris à tâche de nous tourmenter par les
bruits les plus inquiétans. Les ennemis
de la paix faisaient remarquer avec une
joie cruelle que le Roi , si voisin de Paris,
n'y était cependant pas encore entré ; et
ç'avait été une chose réellement étonnante que la difficulté de communiquer
avec la ville si peu éloignée où il se trouvait. Enfin toutes les alarmes étaient
dissipées , et chaque honnête homme

dans Paris se coucha le 7 juillet avec une
sécurité et des espérances qui lui étaient,
depuis plusieurs mois, fort-étrangères.

Elle arriva cette célèbre journée du 8
juillet 1815, qui brillera dans nos annales,
près de celle du 3 mai 1814. Dès neuf
heures du matin, le drapeau blanc repa-
rut, sans doute pour n'en être plus enlevé, au sommet du château des Tuileries.
Quoique la déclaration des chefs de la
garde nationale fût sur toutes les murailles, nous ne balançâmes pas un seul
instant sur la cocarde que nous devions
porter en allant au-devant du Roi. Le
temps, d'abord un peu couvert, s'éclair-
cit et fut constamment beau pendant
toute la journée. Quel contraste de cette
journée avec celles qui l'avaient précé-
dée ! Les boutiques furent de nouveau
fermées ; mais l'allégresse publique,
et non la terreur, avait fait prendre
ce parti. Nul ordre n'avait été donné
touchant la marche du roi : il n'y avait
nul programme de la fête ; mais le cœur
en fit tous les frais. Tout à coup les boulevards et la rue du faubourg Saint-Denis se remplirent d'une foule immense.
On s'abordait, on se félicitait sans se
connaître ; des milliers de jeunes femmes
en blanc, et portant des lis à la main ou

sur leur tête, faisaient surtout éclater un enthousiasme qui ajoutait encore à leur beauté. Charmantes Parisiennes ! l'histoire ne négligera pas de payer un juste hommage à la pureté, à l'invariabilité de vos sentimens. Pendant l'absence du père de la patrie, vous ne formâtes point le cortége de l'oppresseur, et dès que vos transports de joie purent se manifester, vous les fîtes éclater sans réserve. Combien alors les étrangers confondus parmi nous durent reconnaître que les Parisiens avaient été calomniés par les fauteurs du despotisme !

Le général Dessolle, redevenu chef de la garde nationale, avait ordonné qu'elle prît la cocarde blanche; mais cet ordre était déjà prévenu. Ce fut aux chants de *vive Henri IV,* auxquels on joignait le refrain également devenu populaire : *Rendez-nous notre père de Gand,* que la multitude s'avança dans le faubourg et dans la plaine. Cette fois M. le préfet par intérim avait bien voulu permettre que la barrière fût ouverte, et il est à croire que s'il n'eût pas eu cette condescendance, la *minorité factieuse,* composée de trois à quatre cent mille Français qui se dirigeaient vers leur Roi, vers leur père, eut fort bien pu forcer la consigne. L'aspect

des sujets fidèles qui avaient partagé l'exil
du souverain, donna l'heureuse certitude
qu'il n'était pas loin; et en effet, vers trois
heures la voiture du monarque entra dans
la ville. A la droite, *Monsieur* était à cheval en uniforme de garde national, et
Monseigneur le duc de Berry à la gauche.
Je dois l'avouer : il me paraît impossible
de peindre à ceux qui ne l'ont pas vu, un si
ravissant spectacle. Jamais marche ne fut
plus triomphale, jamais les cœurs de tout
un peuple ne s'entendirent mieux. Celui
du Roi et des deux princes sympathisaient
avec les nôtres; leurs saluts affectueux ré-
pondaient aux milliers de cris d'une multitude ivre de joie : *Vive le bon roi qui
nous est rendu! vive notre père! vive Louis
le Désiré!* telles étaient les exclamations
que l'on entendait sortir de toutes les
bouches; et l'on ne manquait pas d'ajouter:
*Il n'a pas peur, lui! il n'a pas besoin de
se cacher, il n'entre pas à neuf heures du
soir :* remarque tellement naturelle, que
des milliers de voix la faisaient en même
temps. M. le comte de Chabrol, préfet, à
la tête du corps municipal, adressa au
Roi, près de la barrière, un discours simple et touchant qui produisit un effet pro-
digieux sur ceux qui l'entendirent. Tout
à coup aux cris qui l'avaient suivi succéda

un silence, un recueillement auquel je
ne crains pas de donner l'épithète de re-
ligieux. On ne voulait pas perdre un seul
mot de la réponse du Roi. Il dit avec le
ton d'une inexprimable bonté :

« Je ne me suis éloigné de Paris qu'a-
» vec la douleur la plus vive, et une égale
» émotion. Les témoignages de la fidélité
» de ma bonne ville de Paris sont arrivés
» jusqu'à moi. J'y reviens avec attendris-
» sement; j'avais prévu les maux dont
» elle était menacée. Je désire les prévenir
» et les réparer. »

Arrivé aux Tuileries à six heures, le
Roi se montra plusieurs fois à la foule qui
remplissait le jardin. Il y descendit même,
et la nuit était avancée lorsque l'on quitta
le lieu qu'il habitait, en se promettant
mutuellement de revenir le lendemain.
Sans aucun ordre de l'autorité, la ville
fut illuminée entièrement, et un grand
nombre de transparens, de devises ingé-
nieuses parurent à diverses maisons. Le
lendemain si désiré était un dimanche : les
Tuileries ce jour-là furent le théâtre d'une
de ces scènes d'ivresse populaire que nul
récit ne peut décrire. Le Roi s'était rendu
le matin à l'église Notre-Dame, où il avait
entendu la messe. Par un sentiment ap-
précié de toutes les âmes délicates, il avait

défendu que l'on chantât le *Te Deum.* Les cœurs français se dédommagèrent par le *Domine salvum fac Regem.*

Dans la soirée, et tandis que les spectacles, fermés depuis plusieurs jours, redevenaient brillans, on se réunit encore dans le jardin des Tuileries, et chacun mit la plus vive émulation à faire éclater son allégresse. Tout à coup, sous les yeux du Roi, des femmes charmantes, des personnes de tout âge et de tout état se mirent à former des danses. Ce qui caractérisa surtout cette fête improvisée, ce fut l'union intime qui s'établit entre des personnes qui ne se connaissaient pas. Il fallut qu'un des parterres fut abandonné à tous ces groupes ivres de joie. Les hommes les plus sérieux ne pouvaient conserver leur caractère. On entendait répéter partout : « Non, jamais il n'y eut rien de pareil; » sommes-nous devenus fous à force » de joie? » De douces larmes roulaient dans presque tous les yeux. Les femmes surtout animaient la fête par leur allégresse et leur irrésistible influence; des Anglais se mêlèrent aux rondes : on joua à une foule de petits jeux de société. Tel groupe composé de vingt personnes, une heure auparavant inconnues les unes aux autres, présentait l'image de la famille la plus unie , sous les yeux du bon père que ce spectacle touchait sensible-ment.

Combien de cœurs ne songeront pas sans émotion à cette soirée mémorable ! Et qui pourrait dire combien de liaisons intimes y auront commencé, pour que rien ne manquât à ce beau jour !

La joie fut accompagnée de la plus extrême décence. Pas une dame, pas une jeune demoiselle n'eut plus à rougir que dans le sein de la plus vertueuse famille. Sans doute d'innocentes faveurs furent accordées , mais la politesse française exerça tout son empire, et l'on prit dès lors l'habitude de renouveler cette fête à chaque soirée. Les sentimens sont tou-jours les mêmes, et la foule ne diminue pas.

CONCLUSION.

Douze jours se sont écoulés depuis le retour du Roi, et aujourd'hui 20 juillet j'achève ces récits véridiques. Il m'est pé-nible de n'avoir pu m'arrêter aux jour-nées du 8 et du 9. J'aurais cessé de m'en-tretenir avec mes lecteurs, en reposant leurs pensées sur des idées de bonheur et d'espérances; au lieu que la véracité, dont je me suis fait un rigoureux devoir, va

me forcer à jeter dans ce tableau des
événemens actuels plus d'une teinte som-
bre. Paris et la France offrent maintenant à l'observateur attentif des sujets
de méditation dont plusieurs sont péni-
bles, et que je ne chercherai point à dissimuler.

Au nombre de ces derniers fut l'aspect
menaçant que prirent tout d'un coup les
armées maîtresses de Paris. Elles ne se
contentèrent pas, comme en 1814, de
joindre des soldats aux patrouilles de la
garde nationale : les ponts, les places publiques furent occupés par des militaires
de toute arme, et même par de l'artille-
rie. On logea des troupes chez les habitans. Il est vrai que ces mesures énergiques furent en quelque sorte commandées
par la mauvaise conduite de quelques
hommes de la dernière classe du peuple,
agités, et sans doute aussi soudoyés par les
éternels ennemis de l'ordre ; mais la douleur des gens paisibles n'en fut pas moins
réelle et fondée ; elle s'accrut encore lorsque l'on apprit que les Prussiens faisaient
des préparatifs pour faire sauter le pont
élevé vis-à-vis l'École militaire, parce qu'il
portait le nom d'Jéna. A la vérité, Buonaparte leur avait ravi plusieurs monumens, et entr'autres la colonne de

Rosbach ; mais n'avaient-ils pas déclaré
qu'ils ne faisaient la guerre qu'à lui seul ,
et qu'ils respecteraient les monumens
publics ? Le Roi ne fut pas moins affligé
que les bons citoyens : il fit d'énergiques
réclamations, qu'il termina en désirant
savoir le moment où le pont serait détruit,
afin d'aller se placer dessus. On ignore
quels résultats aurait eu sa noble intervention , si les empereurs de Russie et
d'Autriche , et le roi de Prusse, ne fussent
arrivés à Paris. Leur présence et les démarches du Roi donnèrent aux choses
une tournure moins alarmante ; et, en
vérité, l'empereur Alexandre , en particulier , devait peut-être se charger de calmer les inquiétudes des Parisiens ; car ils
mirent en lui toute confiance , se rap-
pelant combien , en 1814 , il avait acquis
de droits à leur gratitude.

On désirait impatiemment connaître le
sort de Buonaparte : il avait bien annoncé
« que sa carrière politique était terminée; »
mais on savait quel fond l'on devait faire
sur ses promesses les plus solennelles ;
son nom d'ailleurs était encore pour les
agitateurs, un sujet de trouble. Une nouvelle officielle vient enfin de nous appren-
dre qu'il est en rade de Rochefort , à bord
du vaisseau anglais *le Bellerophon*. Il pa-

raît constant que, désespérant d'échapper
à l'escadre qui l'observait, il aura pris
tout à coup la résolution de lui confier sa
personne. Que feront les Anglais d'un tel
dépôt? C'est ce que l'on ignore encore en
ce moment. Seulement on regarde comme
un rare bonheur, qu'il n'ait pu se rendre
à l'armée de la Loire.

On avait annoncé la soumission de
cette armée au Roi ; mais il paraît certain que cette nouvelle avait été dé-
bitée d'une manière trop absolue, et que
cette soumission n'est encore que par-
tielle. L'armée, dit-on, perd beaucoup de
monde par la désertion ; mais celle du
maréchal Suchet, obligée d'évacuer Lyon,
va se joindre à elle. D'un autre côté,
celle du général Lamarque vient aussi
s'en rapprocher. A ce moyen, l'armée
française, quoique toujours très - infé-
rieure à celles des alliés, qui, de toutes
parts, s'avancent vers elle, serait assez
forte pour opposer une vigoureuse résistance. On sent combien, si elle prenait
ce parti, les départemens du centre de la
France auraient à souffrir ; et l'exemple
de Tours, où le drapeau blanc, arboré
avec enthousiasme par les habitans, a été
enlevé avec violence par des soldats, n'est
nullement rassurant. Ce fait et quelques

autres, également affligeans, peuvent en
partie être attribués aux déclarations de
la chambre des représentans, dans ses
dernières séances.

La situation d'un grand nombre de villes
n'est pas moins critique. Il est vrai que l'im-
portante place de Lille s'est prononcée
pour le roi, aussitôt qu'elle l'a pu, avec
une joie égale à la douleur qu'elle avait
fait éclater il y a trois mois. Dans la sage
Normandie, à Marseille, et dans plusieurs autres contrées, les habitans ont
pu signaler leur zèle pour la cause royale,
qui seule en effet nous laisse quelque
espoir de salut. Mais à Bordeaux, l'esprit
public le moins douteux est encore com-
primé par le général Clauzel, qui nomme
des commissions militaires pour juger les
royalistes, et ne veut reconnaître que les
ordres du maréchal Davoust. Ce maréchal,
après avoir écrit une lettre qui ne donne
pas, comme on l'avait espéré, l'assurance d'une soumission pure et simple,
vient, dit-on, de méconnaître un cour-
rier du roi. Il est certain que cet état de
choses ne peut durer, et que les alliés
pourraient voir dans cette conduite une
rebellion ouverte. Alors dans le cœur
même de la France se livreraient de sanglans combats, tandis qu'au nord, plu-

sieurs places fortes résistent et sont bombardées : funestes effets de la perfide invasion de Buonaparte ! On ne peut, il est vrai, former le moindre doute sur le résultat définitif des événemens ; mais que de sang peut couler encore, et combien d'innocens pourront être confondus avec les coupables !

Le Roi vient de faire un acte qui n'a point surpris ceux qui connaissent la loyauté de ses intentions. Trop autorisé par ce qu'il appelle le malheur des temps à exercer seul l'autorité suprême, il n'a pas voulu que la malveillance eût le plus léger prétexte de renouveler ses allégations calomnieuses ; il a ordonné que les chambres créées par lui fussent renouvelées, et que le nombre des membres de celle des députés fût augmenté : ainsi ce prince ne veut rien faire que de concert avec les mandataires du peuple dans ces grandes et difficiles circonstances. Je veux tout ce qui sauvera la France, a-t-il dit dans sa proclamation de Cambrai, et toutes ses actions sont conformes à cette déclaration solennelle ; mais ce n'est pas assez, il faut que ces paroles, émanées de son amour pour nous et de sa sollicitude paternelle, soient la devise de tous les bons Français. Si nous vou-

lons éviter des maux incalculables, il
faut que chacun de nous n'ait d'autre
point de ralliement, d'autre cri que *le
Roi et la patrie*. Point de réactions, point
de vengeances particulières. Laissons le
souverain punir les grands coupables, et
exercer encore à l'égard des gens égarés
son inépuisable clémence. Il n'est pas
possible que tant de bonté ne touche
ces derniers, et qu'ils ne frémissent sur
les bords du précipice où ils se disposent
à nous entraîner avec eux. La haute sagesse du Roi, le dévouement des vrais
citoyens fera le reste ; et après tant de
désastres, quelques beaux jours luiront
enfin pour la France. Désormais inacces-
sible aux fureurs des partis, elle respirera
sous le gouvernement tutélaire d'un Roi
« que le temps n'a pu changer, que le
» malheur n'a pu fatiguer, et que l'in-
» justice n'a pu abattre, » comme il a eu
le droit de le dire lui-même à la France
et à l'univers.

FIN.

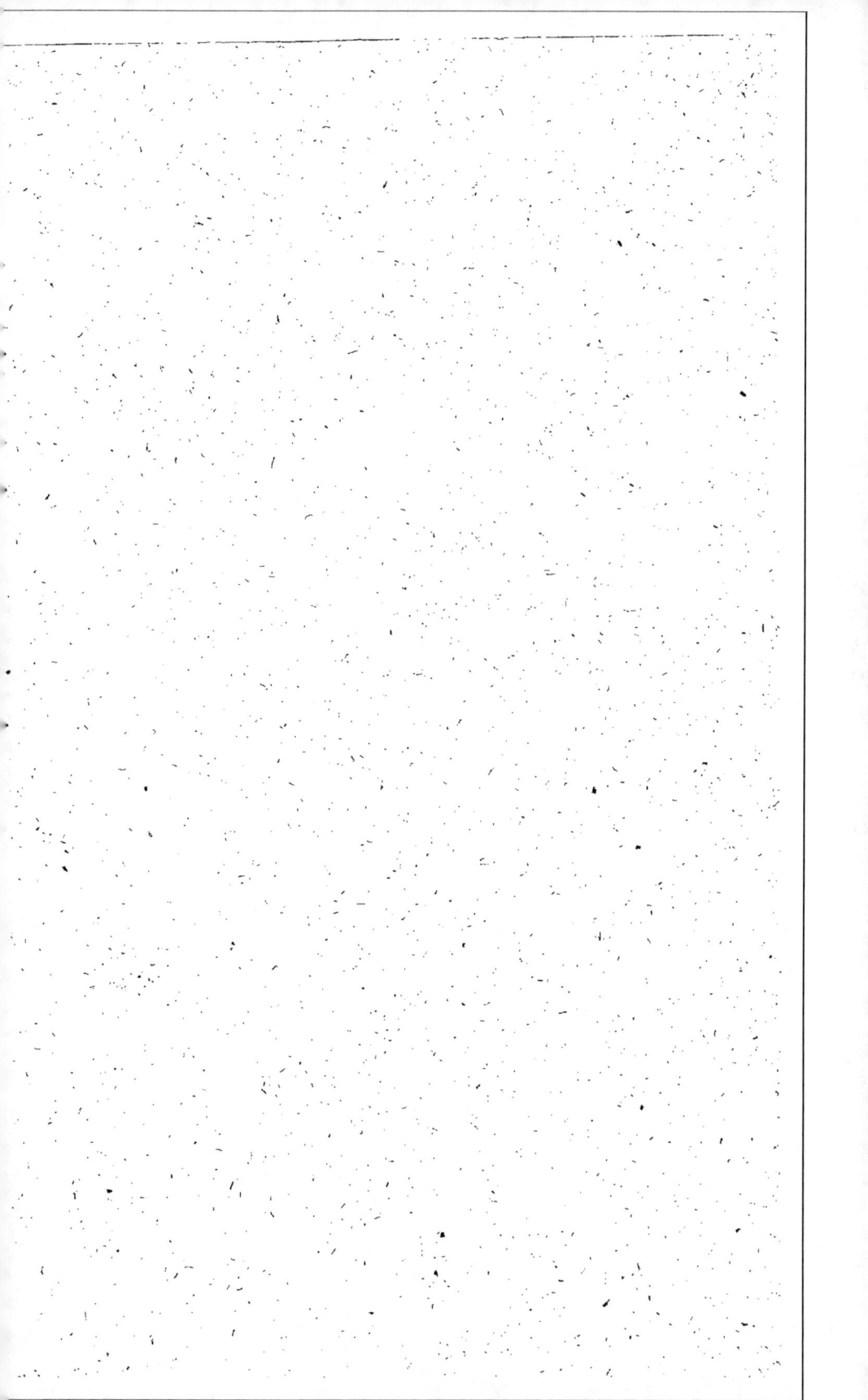

www.ingramcontent.com/pod-product-compliance
Lightning Source LLC
LaVergne TN
LVHW050633090426
835512LV00007B/818